小學
專用！

數學奧林匹克選手
解題密技大公開

資優數學王
速算教室

數學教師諧星／日本搞笑數學協會會長

TAKATA 老師／著

卓惠娟／譯

計算奧義 6 〈假平均〉 　　　138

計算奧義 7 〈2 位數 × 2 位數〉 　158

書籍設計 ── 山之口正和＋沢田幸平（OKIKATA）

插圖 ────────────────FUJIKO

圖版製作 ───────────富永三紗子

DTP ──────────── Forest 出版編輯部

歡迎來到
算術迷與TAKATA老師的
「爆炸快！算術教室」

大家都叫我算術迷。

我是非常喜歡算術的小學六年級生。

我一直都很努力磨練筆算的速度。

所以計算速度在班上沒人比我快。

不論任何問題都能以驚人的速度筆算出來。

因為我叫算術迷嘛。

　算術迷，早安！

　早安！今天也要努力學算術！

她是紀三同學。

是一位熱愛算術的同學。

她很擅長計算和圖形的關係。

因為她擅長「計算」與「圖形」之間的「關係」，

和她的姓「紀」發音相同的有3個※，所以叫紀三同學，很好記。

我從以前就很喜歡紀三同學。

紀三同學對計算速度第一的我也很有好感。

直到那個傢伙轉學到我們班上為止……。

※在日文中計算的「計」、圖形的「形」、關係的「係」發音相同。

嗨！算術迷！ Good Morning！

 啊，早安……。（呿）

是那小子！
他的名字叫電太。
從美國回來的歸國子女。
聽說在美國計算使用電子計算機才是常識。
電太轉學來的第一天向我挑戰筆算和電算對決，
我三兩下就輸了。
就是從那一天開始……。

 電太同學～。
我有計算的問題想問你。
教我嘛！教我嘛！

 那有什麼問題！
和甜心妳的算術對話，是最美味的甜點～

紀三同學現在不是和我，
而是和電太聊有關算術的話題……。
氣死我了！

*

有一天正當我無精打彩地
走在回家路上，
看見紀三同學和電太
有說有笑的模樣。

可惡～～～！

我往回家的反方向狂奔。
我要和電太來一場計算生
死鬥！
我一定要計算得比電子計
算機更快！

究竟該怎麼辦!?
有沒有什麼好辦法!?

當我無意間抬頭時，看到了一面招牌。

「比電子計算機更快！爆炸快！算術教室～免費體驗課程」

等我回過神來，我已經一腳踏入這間可疑的教室了。

 你好～！
我是計算名人TAKATA老師喔～～～！

一個穿著紅背心，戴著圓框眼鏡，
興奮到像在開派對的大叔出現在我面前。

我有如抓住最後一根救命稻草般大叫。

我……我……
我想要算得比電子計算機更快！

老師聽我這麼一說，突然轉為一臉正經。

聽起來好像有什麼隱情。可以告訴我詳情嗎？

我把所有經過全盤托出。
包括我喜歡算術迷這個名字，
我一直拚命鍛鍊計算速度的事，

因此和紀三同學感情變好的事，
但是計算對決輸給電太的事，
紀三同學被電太橫刀奪愛的事。
所以為了奪回紀三同學的芳心，
我一定要計算得比電子計算機更快。
但這件事真的能辦到嗎？

原來如此。我了解你的狀況了。
先說結論。
計算速度要超過電子計算機是有可能的。
比方說算盤達人，
在你用電子計算機輸入數字時，他大概已經算出答案了。
另外，現代電腦架構之父的天才馮紐曼，
有一個關於他的傳說。
據說他在完成電腦之際，
曾說過：「這麼一來，計算速度僅次於我的傢伙誕生了！」
實際上他確實贏了與電腦的計算速度對決。
不過，我們算術教室教的，
並不是算盤或是如何變成天才的方法。
說得更明白點，筆算不可能變得再更快了。

我的眼前一片漆黑。

那，我一輩子
都不可能贏過電太了嗎～！

沒有這回事！

聽好了！算術迷。

這個算術教室要教的是「計算的訣竅」。

你以前一直拚命鍛鍊筆算的速度，

這是非常值得讚許的一件事，

你的筆算能力到了國中、高中仍會是強大的武器，

對你有所幫助。

不過，真正的計算高手，會巧妙地運用計算訣竅，

能夠像變魔術般，在瞬間得到答案，

比方說 56×375 在 3 秒內，

9992×9995 在 2 秒內就能計算出答案。

什麼！

這比電子計算機還快！

你想學會它的計算祕訣嗎？

當然想！

好！

那麼我們就在這個「爆炸快！算術教室」

一起快樂地探討計算訣竅吧！

透過 TAKATA 老師的指導

為你的算術能力加（＋）分

減（－）少多餘的思考

乘（×）風破浪，翻轉人生

排除（÷）你在數學上的煩惱！

來！我們開始上課了！

〈湊整得100分〉

87 + 59 + 13，算術迷需要幾秒來算出答案呢？
好～計時開始！

嗯～從左往右計算，先算87 + 59，

$$87 + 59 + 13$$
$$= 146 + 13$$
$$= 159$$

好了！10秒可以算出來！

NO！NO！NO！
使用祕技的話，只需要3秒就可以算出來喲！

什麼！

你想知道這個祕技嗎？

我想知道！

那就讓我來告訴你吧！
第1個計算奧義，我叫它〈湊整得100分〉。
也就是先找到可湊成10或100的祕技。

〈湊整得100分〉的運用方法

加法運算的問題，不論從哪個先計算，得到的答案都是相同的。
以 2 ＋ 3 ＋ 4 為例，
先計算 2 ＋ 3，然後再加剩下的 4，答案是 9。
先計算 3 ＋ 4，然後再加剩下的 2，答案是 9。
先計算 2 ＋ 4，然後再加剩下的 3，答案是 9。
不論哪個數字先相加，答案都一樣。

確實沒錯。

3 個數字以上的加法，
要先觀察整道題目，找出能夠湊整的組合。
尤其是加起來可湊成 10、100 的組合，
一定要先計算。
想都沒想就從左開始往右計算是不行的！

原來如此！
也就是說，使用〈湊整得100分〉來計算，
87 ＋ 59 ＋ 13 的情況，要先算 87 ＋ 13 得到整數 100，
然後再加上 59，答案是 159。
這麼一來，心算只需 3 秒就能計算出來。

太優秀了！
順便一提，〈湊整得100分〉
在 3 個數字以上的乘法運算問題也可以派上用場。
先觀察整道算式，找出相乘得到 10 或 100 的組合。
只要一發現，就優先計算。

然後，有3個絕對要記住的乘法運算。

那就是這個！

為了〈湊整得 100 分〉
絕對要先記住的 3 個乘法運算。

$5 \times 2 = 10$	看到 5 就 ×2 得到 10 的答案
$25 \times 4 = 100$	看到 25 就 ×4 得到 100 的答案
$125 \times 8 = 1000$	看到 125 就 ×8 得到 1000 的答案

我記住了！

好！最後想一想這個問題。

$$25 \times 73 \times 4$$

這道題目如果想都不想就從左開始計算，

先計算 25×73 是不行的！

今天吃蛋包飯！
自己擠上醬料再吃喔！

MILK

番茄醬

從左開始加，
所以先在蛋包飯
加上牛奶……

16

NO！NO！NO！

「蛋包飯」加「番茄醬」才是常識。

所以「25」和「4」要先計算才是對的。

25×73×4要先計算25×4得出100，

再乘以73，得到7300的答案。

這麼一來心算只需要3秒。

超級優秀！

接下來我們繼續運用〈湊整得100分〉，

來練習更多問題吧！

湊整得100分
加法 篇

\ 湊出10、100、1000的整數 /

難易度★☆☆☆☆　天才度★★☆☆☆　實用度★★★★★

先觀察整道題目，要是找到加起來可湊成10、100、1000的組合，就先計算吧！

想都沒想就從左開始往右計算是不行的！

例題 $87 + 59 + 13$

87＋13得出100，再加上59，就得出解答159。

$$87 + 59 + 13$$
　　　　$87+13=100$

先注意個位數
$7+3=10$

$$= 100 + 59$$

這裡得出100

$$= 159$$

計算看看吧！

① 4 + 9 + 6

② 89 + 78 + 11

③ 54 + 67 + 33

④ 895 + 789 + 105

⑤ 33 + 78 + 45 + 22

・不假思索地
計算45秒
・用電子計算機
計算25秒
・使用祕技
計算15秒

解答

① $4 + 9 + 6$

$4 + 6 = 10$

↖ 這裡得出10

$= 10 + 9$

$= 19$

② $89 + 78 + 11$

注意個位數
$9 + 1 = 10$

$89 + 11 = 100$

↖ 這裡得出100

$= 100 + 78$

$= 178$

③ $54 + 67 + 33$

注意個位數
$7 + 3 = 10$

$67 + 33 = 100$

↖ 這裡得出100

$= 54 + 100$

$= 154$

④ $895 + 789 + 105$ 注意個位數
$5+5=10$

$895+105=1000$

這裡得出1000

$= 1000 + 789$
$= 1789$

⑤ $33 + 78 + 45 + 22$ 注意個位數
$8+2=10$

$78+22=100$

這裡得出100

$= 100 + 78$
$= 178$

 根本小菜一碟！
心算15秒就解出來了！
算術迷，成功了！

 就是這樣！
你也能靠〈湊整得100分〉拿到滿分的成績囉！

湊整得100分
乘法 篇

＼ 不要漏看5、25、125 ／

難易度★☆☆☆☆　天才度★★★☆☆　實用度★★★★☆

先觀察整道題目，要是找到乘起來可湊成10、100、1000的組合，就先計算吧！

尤其是下面3個乘法運算千萬要確實記牢，絕對不要不小心漏看了喔！

$5 \times 2 = 10$	找到 5 就 ×2 得到 10
$25 \times 4 = 100$	找到 25 就 ×4 得到 100
$125 \times 8 = 1000$	找到 125 就 ×8 得到 1000

例題 $25 \times 73 \times 4$

25×4得到100，然後乘以73，答案就是7300。

$$25 \times 73 \times 4$$

$$25 \times 4 = 100$$

$$= 100 \times 73$$ 這裡得出100

$$= 7300$$

計算看看吧！

① 5×7×2

② 49×25×4

③ 8×567×125

④ 2×3×4×5×6×25

・不假思索地
計算60秒

・用電子計算機
計算30秒

・使用祕技
計算15秒

① $5 \times 7 \times 2$

$\underbrace{}_{5 \times 2 = 10}$

$= 10 \times 7$ 這裡得出10

$= 70$

② $49 \times 25 \times 4$

$\underbrace{}_{25 \times 4 = 100}$

$= 49 \times 100$ 這裡得出100

$= 4900$

③ $8 \times 567 \times 125$

$\underbrace{}_{8 \times 125 = 1000}$

$= 1000 \times 567$ 這裡得出1000

$= 567000$

④

↙這裡得出100

$$4 \times 25 = 100$$

$$2 \times 3 \times 4 \times 5 \times 6 \times 25$$

$$2 \times 5 = 10 \leftarrow 這裡得出10$$

$$= 10 \times 100 \times 18$$

$$= 18000$$

簡單！
心算15秒就解開了耶！
算術迷，狀態絕佳！

很好很好！
5×2很相愛，25×4是相親相愛，
125×8是愛到難分難捨。
把分開的兩人拉在一起，
你就是乘法界的愛神丘比特！

算術迷的提問

〈湊整得100分〉也可以運用在減法問題上嗎？

你問了一個很好的問題。

先說結論，「可以運用在減法上，但有注意事項」。

例如以下這個問題。

$$1000 - 150 - 50$$

這個問題依照平時的習慣，從左往右計算，會怎麼樣？

應該是這樣吧。

$$1000 - 150 - 50$$
$$= 850 - 50$$
$$= 800$$

正確答案！那麼，使用〈湊整得100分〉的話會怎麼樣呢？

150 - 50得到100，

接著用1000 - 100……。

咦？答案怎麼會是900？

900不是正確答案，究竟是哪裡出錯了呢？

我們以實際狀況來想想看。

假設你買1000元的玩具時，

使用了150元的折價券和50元的折價券。

這時候，總計折價了多少金額呢？

我要用
2張折價券！

折價150元 ─ 折價50元
= 折價 100 元
幫你減去 100 元。

NO！NO！NO！
用折價券減去折價客人會氣到冒煙吧？
150元的折價券和50元的折價券，
合計應該要給客人多少折價才對？

應該是150元＋50元，要給200元折價才對？

太優秀了！
也就是說，如果用祕技來計算1000 － 150 － 50，
－ 150 － 50得出－ 200，會變成1000 － 200。

原來如此！這麼一來答案才會是800啊。
當遇到減法與減法計算時，
要把數字相加才能算出正確答案啊。
那麼，〈湊整得100分〉
若是用在除法會變怎麼樣呢？

好問題！
和剛剛的減法一樣，除法運算也有一點必須注意。

比方說，想一想以下的問題。
依照一般的計算方式，從左往右計算會怎麼樣？

$$120 \div 20 \div 2$$

是這樣吧。

$$120 \div 20 \div 2$$
$$= 6 \div 2$$
$$= 3$$

太優秀了！
那麼，使用〈湊整得100分〉會變怎麼樣呢？

$20 \div 2$得到10，再用$120 \div 10$，咦？
答案怎麼是12？

12是錯的。你知道錯在哪裡嗎？

唔～啊！我知道了。
除法和除法綜合計算時，
數字的部分必須相乘才對。
$\div 20$和$\div 2$，變成$\div 40$，
所以應該是$120 \div 40$，答案是3，對吧？

超級優秀！
順便一提，遇到除法計算時，還有另一個推薦的方法。
它的名字叫做〈地下組織一網打盡〉。

〈地下組織一網打盡〉？

就像一口氣把地下犯罪組織一網打盡，把所有要「除」的數字，都集中到地下的「分母」，再一起計算。

所以，是寫成下面這個樣子吧。

$$120 \div 20 \div 2$$
$$= \frac{120}{20 \times 2}$$

太優秀了！
接著，可以先計算分母的乘法，$\frac{120}{40} = 3$，

或是先約分120和20，再得出 $\frac{6}{2} = 3$；

或是先約分120和2，得出 $\frac{60}{20} = 3$。

這麼一來似乎可以降低錯誤的機率，
我記住〈地下組織一網打盡〉了。

好。接著回到剛剛的〈湊整得100分〉。
只要找到可以變成100的組合，
就不要猶豫地使用〈湊整得100分〉。
不過，有時候也會遇到找不到100組合的時候，
這時候就要使用另一個祕技！
它叫做〈分解得100分〉！

〈分解得100分〉？

分解得100分
加法 篇

\ 強迫製造100或1000 /

難易度★★☆☆☆　天才度★☆☆☆☆　實用度★★★☆☆

先觀察整道題目，發現接近100、1000的數字，就先分解其他數字，強迫組合出100或1000的數字。

例題 97 ＋ 86

97只要再加上3，就能變成100，所以把86分解為3＋83。
97＋3得出100，然後再加上83就得到183的答案。

97 ＋ 86　分解86

3　83

這裡得出100

＝ 100 ＋ 83

＝ 183

計算看看吧！

① 95 + 78

② 67 + 98

③ 997 + 796

④ 99 + 998 + 75

・不假思索地
計算60秒

・用電子計算機
計算25秒

・使用祕技
計算15秒

解答

① $95 + 78$

分解78

這裡得出100 → 5 73

$= 100 + 73$

$= 173$

② 分解67 $67 + 98$

65 2 ← 這裡得出100

$= 65 + 100$

$= 165$

③ $997 + 796$ 分解796

這裡得出1000 → 3 793

$= 1000 + 793$

$= 1793$

④　99 + 998 + 75　　75分解成3個數字
　　　　　　　　　　1 2 72

這裡得出100↗　　　　↖ 這裡得出1000

= 100 + 1000 + 72

= 1172

好輕鬆！
心算15秒就算出來了！
分解計算真開心！

優秀！
駕馭住分解技巧，就能駕馭住計算！
不要忘了現在的心情，徹底研究分解～！

分解得100分
乘法 篇

！仔細找出25、125的倍數 ！

難易度★★☆☆☆　天才度★★☆☆☆　實用度★★★★☆

先觀察整道題目，要是發現「5的倍數」、「25的倍數」、「125的倍數」時，就分解數字，強迫組合出「5×2」、「25×4」、「125×8」的組合。

25 的倍數	125 的倍數
75→25×3	375→125×3
125→25×5	625→125×5
175→25×7	875→125×7
225→25×9	1125→125×9

 例題 75×36

因為75→25×3，而我們想找到4，所以分解36→4×9。
用25×4得到100，剩餘部分為3×9＝27。

$$75 \times 36$$
$$= 25 \times 3 \times 4 \times 9$$

$\underbrace{\qquad\qquad}_{25\times4=100}$

$$= 100 \times 27$$
$$= 2700$$

$$75 = \boxed{25} \times 3$$
$$\times$$
$$36 = \boxed{4} \times 9$$
$$100$$

75及36各自分解後，
得到100

練 習 問 題

計算看看吧！

①12 × 35

②175 × 24

③56 × 375

・不假思索地
計算50秒

・用電子計算機
計算25秒

・使用祕技
計算15秒

解答

① 12×35

$= 2 \times 6 \times 5 \times 7$

$\underbrace{}_{2 \times 5 = 10}$

$= 10 \times 42$

$= 420$

$12 = \boxed{2} \times 6$
$35 = \boxed{5} \times 7$
$\,10$

12及35各自分解後，
得到10

---

② 175×24

$= 25 \times 7 \times 4 \times 6$

$\underbrace{}_{25 \times 4 = 100}$

$= 100 \times 42$

$= 4200$

$175 = \boxed{25} \times 7$
$24 = \boxed{4} \times 6$
$\,100$

175及24各自分解後，
得到100

---

③ 56×375

$= 8 \times 7 \times 125 \times 3$

$\underbrace{}_{8 \times 125 = 1000}$

$= 1000 \times 21$

$= 21000$

$56 = \boxed{8} \times 7$
$375 = \boxed{125} \times 3$
$\,1000$

56及375各自分解後，
得到1000

輕鬆完成！

心算15秒就解開了！

分解讓人心情超好！

超級優秀！

聽好了！算術迷。務必記住以下這件事。

25和125，其實是想要和4、8在一起的，

但是它們缺乏勇氣，所以自欺欺人和其他數字在一起，

以175、375的身分活著。

但它們很想要得到別人的幫助，

很希望另一半能「與我為伍」！

所以175和375的個位數都是5（伍）。

算術迷，當你遇到個位數是5的乘法算式時，

一定要成為乘法算式的愛神丘比特，

利用〈分解得100分〉為它們湊成一對！

用正方形來想一想
怎麼計算25×4吧！

25×4＝100，用正方形面積的概念來思考，
是很厲害的方法喲！

怎麼說呢？

25＝5×5，所以可以把25想成
長5cm、寬5cm的正方形面積計算。
也就是說，25×4就是4個
長5cm、寬5cm的正方形！
4個正方形像下面這樣拼在一起後……。

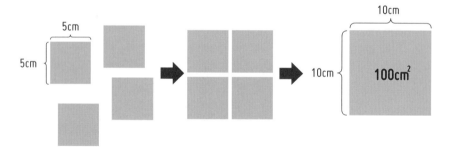

變成10cm×10cm的正方形了！
面積就是100cm^2！

真厲害！
順便一提，125×8＝1000，可用立方體的體積計算來思考，

這是超級厲害的算法喲！

由於125＝5×5×5，

所以可以把125想成

長5cm、寬5cm、高5cm的正方體體積計算。

也就是說，

25×8就是有8個

長5cm、寬5cm、高5cm的立方體！

把8個立方體拼成下面這個樣子……。

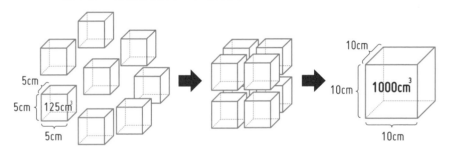

變成10cm×10cm×10cm的立方體了！

體積就是1000cm³！

以面積或體積來思考乘法計算，好有趣！

「計算」和「圖形」的「關係」超級厲害的！

2

〈同答替換〉

 497 ＋ 456，算術迷需要幾秒計算出來呢？
計時開始！

 嗯～以筆算來計算，

```
    4 9 7
  + 4 5 6
  ───────
    9 5 3
```

好了！10秒可以算出來。

 NO！NO！NO！
運用祕技的話，只需要5秒喔。而且心算就行。

 你說什麼!?

 你想知道這個祕技嗎？

 當然想！

 那麼，接下來就讓我來介紹，
第2個計算奧義，叫做〈同答替換〉。
也就是替換算式，變出相同答案的祕技。

〈同答替換〉的方法

在算術迷班上，
有沒有長得帥、體格好、會讀書、運動神經優異，
但因為穿的便服土裡土氣，所以不受女生歡迎的男生？

有耶。
我也常常覺得，
明明他再注意一下服裝品味，就十全十美了。

其實497就是類似這種人。

這是什麼意思？

497這個數字，只要加上3就變成500了，
這麼一來，計算不就變得很簡單嗎？

的確。

所以，計算497＋456的時候，
就把497替換成500來計算。

原來如此！意思就是500＋456，答案變成956。
……不對！正確答案應該是953對吧？
因為算式替換過，所以答案也跟著變了！
這麼計算應該不行吧？

正如你所說！

497＋456→500＋456的替換方式是錯的。
當算式中的某個數字替換時，另一個數字也必須進行同樣的替
換！口訣是〈同答替換〉！

〈同答替換〉！〈同答替換〉！
好的，我記住了！

在加法計算時，只要有一邊加上數字，
另一邊就要減掉相同的數字，這就叫做〈同答替換〉。
所以497＋456的算式，若是在497加上3，456就要減掉3。
這麼一來……

$$497＋456＝?$$
+3↓　↓-3　↓相同答案
$$500＋453＝?$$

哇！500＋453的話，心算就知道是953了！
這樣就得出正確的答案了！

太優秀了！
這就是〈同答替換〉的威力。

好厲害！
順便問一下，〈同答替換〉也可以
用在減法、乘法及除法的運算問題嗎？

這是一個很好的問題。
先說結論，雖然可以用，
但替換的方式不同，必須要特別注意。

歸納一下，大致規則如下。

四則運算〈同答替換〉的規則

加法運算	一邊加上某數，另一邊減去相同的某數
減法運算	一邊加上某數，另一邊也要加上相同的某數 （一邊減去某數，另一邊也要減去相同的某數）
乘法運算	一邊乘上某數，另一邊要除以相同的某數
除法運算	一邊乘上某數，另一邊也要乘上相同的某數 （一邊除以某數，另一邊也要除以相同的某數）

哇！
規則好多，都不一樣我要搞混了！
這一定要死背才行嗎？

不需要死背喲！
只不過需要注意「為了得到相同答案
該如何替換」就對了。

我知道了！

好。
那我們接下來就利用〈同答替換〉
來解開各式各樣的計算問題。

祕技

同答替換
加法 篇

\ 加 & 減相同數字 /

難易度★★☆☆☆　　天才度★★☆☆☆　　實用度★★☆☆☆

加法運算題目只要有一邊加上某數，另一邊減掉相同的某數，就能得到相同的答案。

$$7 + 8 = 15$$

$+3\downarrow$　　$\downarrow-3$　　$\downarrow$相同答案

$$10 + 5 = 15$$

例題 $997 + 645$

依照一般計算方式，會不斷發生進位，算起來很麻煩。

只要讓997→1000，計算就變簡單了。

997加3的話，645只要減掉3，就能得到相同答案。

$$997 + 645$$

$+3\downarrow$　　　　$\downarrow-3$　　⚠務必使用相同數字

$$= 1000 + 642$$　　加3及減3

$$= 1642$$

計算看看吧！

①999＋314

②289＋994

③497＋568

④3小時53分＋5小時39分

・不假思索地
計算60秒

・用電子計算機
計算30秒

・使用祕技
計算20秒

解答

①   999 + 314

         +1 ↓   ↓ −1

= 1000 + 313

= 1313

②   289 + 994

        −6 ↓   ↓ +6

=   283 + 1000

= 1283

③   497 + 568

              +3 ↓   ↓ −3

= 500 + 565

                      500 65

這裡得出1000 ↗

= 1000 + 65

= 1065

④

$$3小時\ 53分\ +\ 5小時\ 39分$$

+7分↓　　　　　　↓−7分

$$=\ 4小時\ \ \ \ \ \ +\ 5小時\ 32分$$

$$=\ 9小時\ 32分$$

小菜一碟！
心算20秒就解開了！
算術迷完成了！

太優秀了！
加法只要稍做變化就能變得很簡單。
男生也是一樣，稍做改變就能變得更受歡迎了。
你也要注意穿著打扮喔。
追求時尚能為男性「加分」喲！

同答替換
減法① 篇

\ 加＆加相同數字 /

難易度★★☆☆☆　天才度★★☆☆☆　實用度★★★☆☆

減法運算題目只要有一邊加上某數，另一邊也加上相同的某數，就能得到相同的答案。

$$15 - 8 = 7$$

$$+2 \downarrow \qquad \downarrow +2 \quad \downarrow 相同答案$$

$$17 - 10 = 7$$

例題　$1234 - 999$

依照一般計算方式，會不斷發生借位，算起來很麻煩。

不過只要把999→1000，計算就變簡單了。

999加1的話，1234只要同樣加1，就能得到相同答案。

$$1234 - 999$$

$$+1 \downarrow \qquad \downarrow +1 \quad \triangle 務必使用相同數字$$

$$= 1235 - 1000 \qquad 加1 及減1$$

$$= 235$$

練習問題

計算看看吧！

①1783－997

②2345－1998

③961－796

④7小時41分－3小時53分

・不假思索地
計算60秒

・用電子計算機
計算30秒

・使用祕技
計算20秒

① 1783 － 997

   +3 ↓   ↓ +3

= 1786 － 1000

= 786

② 2345 － 1998

   +2 ↓   ↓ +2

= 2347 － 2000

= 347

③ 961 － 796

   +4 ↓   ↓ +4

= 965 － 800

= 165

④　　**7小時 41分 － 3小時 53分**

　　　　　+7分↓　　　　　　　　　↓+7分

　　= 7小時 48分 － 4小時

　　　　　　　　　　↓

　　= 3小時 48分

小菜一碟！
心算20秒就解開了！
算術迷，火力全開！

厲害！厲害！
減法運算只要稍微改變一下就變簡單了。
同樣的道理，大家只要稍微改變一下就會大受歡迎。
好！我也要打扮一下，
「減少」大家的戒心，讓大家更信任我！

同答替換
減法② 篇

\ 減 & 減相同數字 /

難易度★★★☆☆　天才度★★★★☆　實用度★★★★★

減法運算題只要有一邊減去某數，
另一邊也減去相同的某數，就能得
到相同的答案。

$$10 - 7 = 3$$
$$-1\downarrow \quad \downarrow -1 \downarrow 相同答案$$
$$9 - 6 = 3$$

💥 例題 $1000 - 234$

依照一般計算方式，會不斷發生借位，算起來很麻煩。

但是，只要讓1000→999，計算就變簡單了。

先把1000減1的話，234只要同樣減1，就能得到相同答案。

$$1000 - 234 \quad \triangle 務必使用相同數字$$
$$-1\downarrow \qquad \downarrow -1 \quad 加\overset{\bullet}{1}及減\overset{\bullet}{1}$$

$$= 999 - 233 \quad \leftarrow 接著只需每個位數相減！$$
$$= 766$$

```
  9 9 9
- 2 3 3
-------
  7 6 6
```

練習問題

計算看看吧！

①1000 − 357

②1000 − 579

③1002 − 357

④7小時3分 − 2小時24分

・不假思索地
計算60秒
・用電子計算機
計算30秒
・使用祕技
計算20秒

解答

①   1000 − 357

     −1 ↓   ↓ −1

= 999 − 356 ← 接著只需每個位數相減！

= 643

$$\begin{array}{r} 9\ 9\ 9 \\ -\ 3\ 5\ 6 \\ \hline 6\ 4\ 3 \end{array}$$

②   1000 − 579

     −1 ↓   ↓ −1

= 999 − 578 ← 接著只需每個位數相減！

= 421

$$\begin{array}{r} 9\ 9\ 9 \\ -\ 5\ 7\ 8 \\ \hline 4\ 2\ 1 \end{array}$$

③   1002 − 357

     −3 ↓   ↓ −3

= 999 − 354 ← 接著只需每個位數相減！

= 645

$$\begin{array}{r} 9\ 9\ 9 \\ -\ 3\ 5\ 4 \\ \hline 6\ 4\ 5 \end{array}$$

④　7小時3分　－2小時24分
　　　－4分↓　　　　　　↓－4分

= 6小時59分 － 2小時20分
　　　　　　　　　　　　　← 接著只需每個
　　　　　　　　　　　　位數相減！
= 4小時39分
　　　　　　　　　　　　6 ：59
　　　　　　　　　　　－2 ：20
　　　　　　　　　　　　4 ：39

小菜一碟！
心算20秒就解開了！
算術迷，心情超嗨！

太好了！
只要把被減數變成999，減法運算就超簡單了。
我也要像999一樣，總是不厭其煩地滿臉笑容，
「999（啾啾啾）」地提醒大家。
「減輕」大家在計算時的心理負擔！

同答替換
乘法 篇

\ 乘＆除相同數字 /

難易度★★☆☆☆　天才度★★★☆☆　實用度★★★★☆

乘法運算題只要有一邊乘以某數，另一邊也除以相同的某數的話，就能得到相同的答案。

尤其當個位數是5的時候，是絕佳機會，乘以2或4或8，就可以替換成輕鬆計算的算式！

$$4 \times 6 = 24$$

×2↓　↓÷2　↓相同答案

$$8 \times 3 = 24$$

例題　16×3.5

若是把3.5→7，計算就變簡單了。

因為3.5乘以2，所以16要除以2，就能得到相同答案。

$$16 \times 3.5$$ ⚠務必使用相同數字

÷2↓　↓×2　　除以2後再乘以2

$$= 8 \times 7$$

$$= 56$$

練習問題

計算看看吧！

① 18×4.5

② 0.25×36

③ 56×0.125

④ 28×2.25

・不假思索地
計算60秒
・用電子計算機
計算30秒
・使用祕技
計算20秒

① 18×4.5

　　$\div 2 \downarrow$　　$\downarrow \times 2$

$= 9 \times 9$

$= 81$

② 0.25×36

　　$\times 4 \downarrow$　　$\downarrow \div 4$

$= 1$　　$\times 9$

$= 9$

③ 56×0.125

　　$\div 8 \downarrow$　　$\downarrow \times 8$

$= 7 \times 1$

$= 7$

④

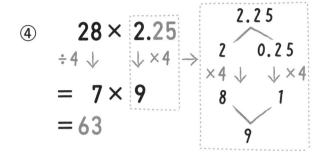

$$28 \times 2.25$$
$$\div 4 \downarrow \qquad \downarrow \times 4$$
$$= 7 \times 9$$
$$= 63$$

小菜一碟！
心算20秒就解開了！
算術迷，成長中！

超級優秀！
順便一提，最後這個題目也可以
重複使用「一邊對半，一邊2倍」的方法來計算喔！

$$28 \times 2.25$$

對半（÷2）↓　　↓2倍（×2）

$$= 14 \times 4.5$$

對半（÷2）↓　　↓2倍（×2）

$$= 7 \times 9$$

$$= 63$$

以對半＆2倍乘法來加快運算速度。
這才是真正的「半倍奉還」。

決定了！
我要以乘法運算，半倍奉還！

同答替換
除法① 篇

\ 乘 & 乘相同數字 /

難易度★★☆☆☆　天才度★★☆☆☆　實用度★★★☆☆

除法運算題只要有一邊乘以某數，另一邊也乘以相同的某數，就能得到相同的答案（商數）。

$$15 \div 5 = 3$$
$$\times 2 \downarrow \quad \downarrow \times 2 \quad \downarrow 相同答案$$
$$30 \div 10 = 3$$

但是，出現餘數時，兩邊都乘以2雖然商數相同，但餘數會變成×2，要特別注意（右邊算式）。

$$19 \div 5 = 3_{餘4}$$
$$\times 2 \downarrow \quad \downarrow \times 2 \quad \downarrow 商數相同，餘數 \times 2$$
$$38 \div 10 = 3_{餘8}$$

例題　$14 \div 3.5$

若是讓 3.5→7，計算就變簡單了。

因為 3.5 乘以2，所以 14 也要乘以2，就能得到相同答案。

$$14 \div 3.5$$
$$\times 2 \downarrow \quad \downarrow \times 2$$
$$= 28 \div 7$$
$$= 4$$

除數乘以2倍時，被除數也要乘以2倍！

⚠務必使用相同數字

計算看看吧！

①36 ÷ 4.5

②21 ÷ 0.25

③11 ÷ 0.125

④18 ÷ 2.25

・不假思索地
計算60秒
・用電子計算機
計算30秒
・使用祕技
計算20秒

① $36 \div 4.5$

     ×2↓   ↓×2

$= 72 \div 9$

$= 8$

② $21 \div 0.25$

     ×4↓   ↓×4

$= 84 \div 1$

$= 84$

③ $11 \div 0.125$

     ×8↓   ↓×8

$= 88 \div 1$

$= 88$

④　18 ÷ 2.25

　×4↓　↓×4

　= 72 ÷ 9

　= 8

$$
\begin{array}{ccc}
& 2.25 & \\
2 & & 0.25 \\
\times 4 \downarrow & & \downarrow \times 4 \\
8 & & 1 \\
& 9 &
\end{array}
$$

 小菜一碟！心算 20 秒就解開了！算術迷，快速成長！

 超級優秀！
順便一提，最後這個題目也可以
重複使用「一邊 2 倍，另一邊也 2 倍」的方法來計算喔！

18 ÷ 2.25

2 倍↓　　↓ 2 倍

= 36 ÷ 4.5

2 倍↓　　↓ 2 倍

= 72 ÷ 9

2 倍 2 倍，和計算難題告別。
讓我們和計算難題說「bye bye」！

 決定了！
除法運算，去去煩惱散！

同答替換
除法② 篇

！除＆除相同數字！

難易度★★☆☆☆　天才度★★☆☆☆　實用度★★★☆☆

除法運算題只要有一邊除以某數，另一邊也除以相同的某數，就能得到相同的答案（商數）。

$$24 \div 6 = 4$$
$\div 2 \downarrow \qquad \downarrow \div 2 \downarrow$ 相同答案
$$12 \div 3 = 4$$

但是，出現餘數時，兩邊都除以2雖然商數相同，但餘數會變成÷2，要特別注意（右邊算式）。

$$26 \div 6 = 4 \text{餘} 2$$
$\div 2 \downarrow \qquad \downarrow \div 2 \downarrow$ 商數相同，餘數÷2
$$13 \div 3 = 4 \text{餘} 1$$

例題 $96 \div 24$

96和24都可以用3整除……所以？

$$96 \div 24$$
$\div 3 \downarrow \qquad \downarrow \div 3$
$$= 32 \div 8$$
$$= 4$$

→ 被除數÷3時，除數也要÷3！

⚠ 務必使用相同數字

相同
$$96 = 32 \boxed{\times 3}$$
$$24 = 8 \boxed{\times 3}$$

練習問題

計算看看吧！

①144 ÷ 18

②189 ÷ 27

③252 ÷ 36

・不假思索地
計算40秒
・用電子計算機
計算20秒
・使用祕技
計算15秒

解答

① $144 \div 18$

$144 = 72 \boxed{\times 2}$ 相同
$18 = 9 \boxed{\times 2}$

$\div 2 \downarrow \qquad \downarrow \div 2$

$= 72 \div 9$

$= 8$

② $189 \div 27$

$189 = 63 \boxed{\times 3}$ 相同
$27 = 9 \boxed{\times 3}$

$\div 3 \downarrow \qquad \downarrow \div 3$

$= 63 \div 9$

$= 7$

③ $252 \div 36$

$252 = 63 \boxed{\times 4}$ 相同
$36 = 9 \boxed{\times 4}$

$\div 4 \downarrow \qquad \downarrow \div 4$

$= 63 \div 9$

$= 7$

小菜一碟！
心算15秒就解開了！
算術迷，感覺超好！

優秀！
順便一提，最後這個題目也可以
重複使用「一邊對半，另一邊也對半」的方法來計算喔！

$$252 \div 36$$

對半（÷2）↓　　↓對半（÷2）

$$= 126 \div 18$$

對半（÷2）↓　　↓對半（÷2）

$$= 63 \div 9$$

$$
\begin{array}{l}
\text{相同} \\
252 = 126 \boxed{\times 2} \\
\ 36 = \ \ 18 \boxed{\times 2}
\end{array}
$$

$$
\begin{array}{l}
\text{相同} \\
126 = 63 \boxed{\times 2} \\
\ \ 18 = \ 9 \boxed{\times 2}
\end{array}
$$

就像「簡化比值」、「將分數約分」，
讓我們熟練「簡化除法運算」，
把討厭除法運算的人生「除」舊布新！

說明世界共通的計算符號！

除法運算的符號，並不是全世界都相同，
其實，電子計算機的除法運算符號，
只有日本、美國和英國才使用「÷」。

真的嗎？其他國家是使用什麼樣的符號呢？

德國、法國及荷蘭，
除法符號是「:（冒號）」！

什麼!?那不是比值的符號嗎？

也有一些國家，
是以「/（斜線）」來表示除法符號。

咦？
那不是在寫 $\frac{1}{3}$（3分之1）這類的數字時用的分數符號嗎？

你說的沒錯！事實上，「除法」、「比值」、「分數」
本質都是相同的，
所以「÷」、「:」、「/」的意義幾乎都相同。
「簡化除法運算」、「簡化比值」和「將分數約分」，
都可以當作相似的概念來思考。

原來如此！

順便一提，乘法符號也不是只有一種。
日本的小學、國中在乘法運算時都寫「×」，
但是上了高中，乘法符號就變成「‧」。

什麼!?
乘法運算符號從「×」變成「‧」？

沒錯。
高中要學的數學主要會用上
x、y 來代表某數的方程式。
要是乘法符號照樣寫成「×」，
要區分「x（英文字母）」和
「×（乘號）」會很麻煩，
所以高中才會把乘法符號寫成「‧」！

3 x y

到底是「3 乘 y」
或者是「3 xy」
讓人分不清楚！

原來如此！很有道理！

再補充說明一下，在電腦程式語言中，
加法運算符號寫成「＋（正號）」；
減法運算符號寫成「－（負號）」；
乘法運算符號寫成「＊（星號）」；
除法運算符號寫成「／（斜線）」；
是普遍常識喔！

原來如此～～～＋（＊－＊）／

計算奧義

3

〈分配乘和〉

$\left(\frac{1}{2} + \frac{1}{3} + \frac{1}{4} \right) \times 12$，算術迷幾秒能算得出來呢？
來！計時～開始！

嗯～先把（　）裡的分數加起來，然後再乘以12，

$$\left(\frac{1}{2} + \frac{1}{3} + \frac{1}{4} \right) \times 12$$

$$= \left(\frac{6}{12} + \frac{4}{12} + \frac{3}{12} \right) \times 12$$

$$= \frac{13}{12} \times 12$$

$$= 13$$

好了！10秒就算出來了！

NO！NO！NO！
運用我的祕技，5秒就能算出來喲！
而且不需要計算分數的加總運算。

怎麼可能——!?

想知道我用的祕技嗎？

當然想！

那麼，我就開始介紹囉！
請看這次的計算奧義！
我把它叫做〈分配乘和〉，
計算時依照下面順序——
「分配」→「乘法」→「和（加法運算的答案）」來計算。

〈分配乘和〉的使用方法

當問題中出現（　）時，
依照規定要先計算（　）裡面的算式對吧。

這我當然知道。
所以我一開始才會先把（　）的分數加總。

基本上當然沒問題。
但我有更好的方法。
直截了當地說，一開始先把（　）外的乘數，
「分配」到（　）裡面。
然後再依照「乘」→「和」的順序計算出答案。
[分配]→[乘]→[和]的口訣，就是〈分配乘和〉。

〈分配乘和〉！〈分配乘和〉！
我記住了！

那麼我們先分別用
〈普通運算〉和〈分配乘和〉
來計算看看（8＋3＋1）×0.4。

如果是〈普通運算〉的話，是這樣——

$$(8+3+1)\times0.4$$
$$=12\times0.4$$
$$=4.8$$

然後，使用〈分配乘和〉的話……

$$(8+3+1)\times0.4$$
$$=8\times0.4+3\times0.4+1\times0.4$$
$$=3.2+1.2+0.4$$
$$=4.8$$

答案相同！

〈普通運算〉是［全部八三夭］一起乘（吃）［零食］，

$$\underset{八\ 三\ 夭}{(8+3+1)}\times\underset{零食}{0.4}$$

$$=\underset{全部}{12}\times\underset{零食}{0.4}$$

〈分配乘和〉是
［每個八三夭］分別乘（吃）［零食］，

$$\underset{八\ 三\ 夭}{(8+3+1)}\times\underset{零食}{0.4}$$

$$=\underset{1份\ 零食}{8\times0.4}+\underset{1份\ 零食}{3\times0.4}+\underset{1份\ 零食}{1\times0.4}$$

大概是這個樣子。

原來如此。

不過，這一題使用〈普通運算〉不是比較輕鬆嗎？

你說得沒錯。

基本上，先計算（　）裡的算式也沒問題，

但如果像剛剛 $\left(\frac{1}{2} + \frac{1}{3} + \frac{1}{4} \right) \times 12$ 這個算式，

（　）中是分數的加法或減法運算時，使用分配律的話，

$$\left(\frac{1}{2} + \frac{1}{3} + \frac{1}{4} \right) \times 12$$
$$= \frac{1}{2} \times 12 + \frac{1}{3} \times 12 + \frac{1}{4} \times 12$$
$$= 6 + 4 + 3$$

分數消失了～！

這麼一來，就可以直接心算了。

答案是13！

太優秀了！

接下來我們就運用〈分配乘和〉，

解開更多問題吧！

分配乘和
分數的加法、減法 篇

\ 分配乘數，消滅分數 /

難易度★★☆☆☆　天才度★★★☆☆　實用度★★★★☆

遇到（　）裡是分數的加減法運算時，依照 [分配]→[乘]→
[和] 的順序計算出答案。

> 例題　$\left(\dfrac{1}{2} + \dfrac{1}{3} + \dfrac{1}{4} \right) \times 12$

①　　②　　③　　　　　分配

$\left(\dfrac{1}{2} + \dfrac{1}{3} + \dfrac{1}{4} \right) \times 12$

$= \dfrac{1}{2} \times 12 + \dfrac{1}{3} \times 12 + \dfrac{1}{4} \times 12$

①相乘　　　②相乘　　　③相乘

$= \quad 6 \quad + \quad 4 \quad + \quad 3$

↓和

$= \quad 13$

計算看看吧！

① $\left(\dfrac{1}{4} + \dfrac{1}{6}\right) \times 36$

② $60 \times \left(\dfrac{1}{12} + \dfrac{1}{15} + \dfrac{1}{20}\right)$

③ $\left(\dfrac{1}{30} - \dfrac{1}{40} + \dfrac{1}{48}\right) \times 480$

・不假思索地
計算60秒

・用電子計算機
計算40秒

・使用祕技
計算20秒

解答

①

①→ ②→

$$\left(\frac{1}{4} + \frac{1}{6}\right) \times 36$$

$$= \underbrace{\frac{1}{4} \times 36}_{①} + \underbrace{\frac{1}{6} \times 36}_{②}$$

$$= \quad 9 \quad + \quad 6$$

$$= 15$$

②

①→ ②→ ③→

$$60 \times \left(\frac{1}{12} + \frac{1}{15} + \frac{1}{20}\right)$$

$$= \underbrace{60 \times \frac{1}{12}}_{①} + \underbrace{60 \times \frac{1}{15}}_{②} + \underbrace{60 \times \frac{1}{20}}_{③}$$

$$= \quad 5 \quad + \quad 4 \quad + \quad 3$$

$$= 12$$

③

$$\left(\frac{1}{30} - \frac{1}{40} + \frac{1}{48}\right) \times 480$$

$$= \frac{1}{30} \times 480 - \frac{1}{40} \times 480 + \frac{1}{48} \times 480$$

$$= \quad 16 \quad - \quad 12 \quad + \quad 10$$

$$= 14$$

小菜一碟！
心算20秒就解開了！
算術迷，讚讚讚！

超優秀！
只要熟練這個祕技，
你就可以乘勝追擊、乘風破浪、成功追分，
你比想像中的更加天才♪

變形分配乘和
25×4及125×8的運用 篇

\ 強迫製造25或125的組合 /

難易度★★★☆☆　天才度★★★★☆　實用度★★★★★

發現25或125時，就變形成以下的算式，然後再依照［分配］
→［乘］→［和］的順序計算出答案。

25×○ →	○÷4＝□餘△ →	變形為25×(4×□+△)
125×○ →	○÷8＝□餘△ →	變形為125×(8×□+△)

例題 25×29

$$25 \times \boxed{29}$$
$$= 25 \times (\; 4 \times \boxed{7} + 1 \;)$$

發現25！
29÷4＝⑦餘數為1
變形為29→4×⑦+1

　　　　　　　①　　②

$$= 25 \times 4 \times \boxed{7} + 25 \times 1$$

①相乘　　　②相乘

25×4＝100

$$= 100 \times \boxed{7} + 25$$
$$= \boxed{7} 00 + 25$$
$$= \boxed{7} 25$$

↓和

練 習 問 題

計算看看吧！

①**25×13**

②**73×125**

③**125×19**

・不假思索地
計算**50秒**

・用電子計算機
計算**25秒**

・使用祕技
計算**20秒**

解答

① $25 \times \boxed{13}$

$= 25 \times (4 \times \boxed{3} + 1)$

> 發現25!
> $13 \div 4 = \boxed{3}$ 餘數為1
> 變形為 $13 \rightarrow 4 \times \boxed{3} + 1$

$= \underline{25 \times 4 \times \boxed{3}} + \underline{25 \times 1}$

$25 \times 4 = 100$

$= 100 \times \boxed{3} + 25$

$= \boxed{3}00 + 25$

$= 325$

② $\boxed{73} \times 125$

$= (8 \times \boxed{9} + 1) \times 125$

> 發現125!
> $73 \div 8 = \boxed{9}$ 餘數為1
> 變形為 $73 \rightarrow 8 \times \boxed{9} + 1$

$= \underline{8 \times \boxed{9} \times 125} + \underline{1 \times 125}$

$8 \times 125 = 1000$

$= \boxed{9} \times 1000 + 125$

$= \boxed{9}000 + 125$

$= 9125$

③　　$125 \times \boxed{19}$

$= 125 \times (8 \times \boxed{2} + 3)$

發現 125！
$19 \div 8 = \boxed{2}$ 餘數為 3
變形為 $19 \rightarrow 8 \times \boxed{2} + 3$

①　②

$= 125 \times 8 \times \boxed{2} + 125 \times 3$

①　②

$125 \times 8 = 1000$

$= 1000 \times \boxed{2} + 375$

$= \boxed{2}\,000 + 375$

$= 2375$

小菜一碟！心算20秒就解開了！算術迷，成長神速！

超超超優秀！
順便一提，熟練以後最後的問題也可以採取這種算法（右）。
從除法的「商數」以及「餘數」，就能一口氣算出答案喔！

125×19

發現125！$19 \div 8 = \boxed{2}$ 餘數為 ③

125×8 有 $\boxed{2}$ 個　　125 有 ③ 個
↓　　　　　↓

$= 2000 + 375$

$= 2375$

這個計算真的是乘勝追擊、乘風破浪、成功追分♪

這個祕技比你想像得更厲害♪

變形分配乘和
×999篇

！99和999是祕技登場的絕佳機會！

難易度★★☆☆☆　天才度★★★☆☆　實用度★★★★☆

發現接近100或1000的數字時，就變形成以下的算式，然後依照
[分配]→[乘]→[和]的順序計算出答案。

○×99	→	變形為○×(100−1)
○×98	→	變形為○×(100−2)
○×999	→	變形為○×(1000−1)
○×997	→	變形為○×(1000−3)

例題 $678×999$

$678×\boxed{999}$

發現999！
變形999→1000-1

$=678×\boxed{(1000−1)}$
　　　　　　①　②

$=678×1000−678×1$
　　①　　　　　　②

$=678000−678$
　　-1↓　　　↓-1　　祕技07

$=677\boxed{999}−\boxed{677}$　只需減去 ☐ 裡面的數字

$=677\boxed{322}$

練習問題

計算看看吧！

① 57×99

② 999×1234

③ 314×9998

・不假思索地
計算60秒

・用電子計算機
計算40秒

・使用祕技
計算30秒

解答

① $57 \times \boxed{99}$

$= 57 \times (100 - 1)$

$= 57 \times 100 - 57 \times 1$

$= 5700 - 57$

$= 56\boxed{99} - 56$　秘技07
只需減去 $\square$ 裡面的數字

$= 56\boxed{43}$

② $\boxed{999} \times 1234$

$= (1000 - 1) \times 1234$

$= 1000 \times 1234 - 1 \times 1234$

$= 1234000 - 1234$

$= 123\boxed{3999} - \boxed{1233}$　秘技07
只需減去 $\square$ 裡面的數字

$= 123\boxed{2766}$

③ $314 \times \boxed{9998}$

發現9998!
變形9998→10000-2

$= 314 \times (10000 - 2)$

①　②

$= 314 \times 10000 - 314 \times 2$

①　　　　　②

$= 3140000 - 628$

－1↓　　↓－1　祕技07

$= 3139\boxed{999} - \boxed{627}$　只需減去 $\boxed{}$ 裡面的數字

$= 3139\boxed{372}$

小菜一碟!心算30秒就解開了!算術迷,我最棒!

超級優秀!
減法部分可以使用
祕技07(第52頁)。
因為不需要重複借位,計算上超簡單。
一次運用2個祕技!
乘勝追擊、乘風破浪、成功追分♪

但是,這麼做沒問題嗎?

沒問題♪順便一提,○×999或○×9999
在祕技28(第180頁)我會教你更快的方法喔!
敬請期待!

以長方形來思考
〈分配律〉！

 我想運用長方形面積的概念來說明〈分配律〉！
如果以長方形面積來思考〈分配律〉，會很容易懂喔！

 怎麼說呢？

 例如 $5 \times (2+3+4)$，
可以想成長 5 cm、寬（2＋3＋4）cm 的
長方形面積來計算。

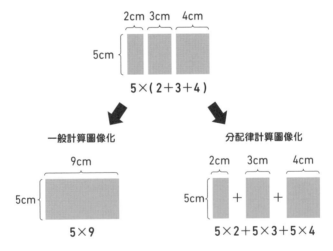

 也就是把 3 個長方形拼在一起跟分開的差別！
確實一目瞭然！

 太優秀了

即使相同的計算，也會因為
不同計算機而產生不同答案！

$\left(\dfrac{1}{4} + \dfrac{1}{6}\right) \times 36$ 要怎麼用電子計算機來計算呢？

大家都能用電子計算機算得出來嗎？

請務必挑戰看看！

其實，手機和簡易型電子計算機，

計算方法不同喲！

2種都有的人，不妨2種都挑戰看看！

正確計算出來了嗎？

我先簡單說明一下

手機和簡易型電子計算機有什麼不同！

什麼地方不同？好想知道！

差異①

把「2＋3×4＝」分別輸入不同的計算機來算算看！

你會發現不可思議的事情發生了！

手機的計算機……

輸入「2＋3×4＝」……答案是14。

嗯！

確實依照先×÷，後＋－的規則，

所以得出正確答案。

$$2 + 3 \times 4$$
$$= 2 + 12$$
$$= 14$$

接下來使用簡易型電子計算機……

輸入「2＋3×4＝」……答案是20。

咦？答案錯了！

這個計算機是不是壞了？

沒有壞掉啦！

因為簡易型電子計算機的

計算順序是從左至右。

所以輸入「2＋3×4＝」時，會先計算2＋3，得到5的答案，

接著計算5×4＝20。

我現在才知道！

原來如此。

手機的計算機依照數學計算規則，

但簡易型電子計算機不會依照這個規則！

差異②

把「1÷3×3＝」分別輸入不同的計算機來算算看！

你會發現不可思議的事情發生了！

手機的計算機……

輸入「1÷3×3＝」……答案是1。

沒錯！

1÷3除不盡，所以寫成分數的話，會變這樣。

$$1 \div 3 \times 3$$

$$= \frac{1}{3} \times 3$$

$$= 1$$

接下來使用簡易型電子計算機……
輸入「1÷3×3＝」……答案是0.99999999。
咦？答案錯了！
這個計算機真的壞了吧？

沒有壞掉！
簡易型電子計算機無法計算分數，
加上計算規則是從左開始，
所以輸入「1÷3×3＝」時，
會先計算1÷3，得到0.33333333，

$$0.33333333 \times 3 = 0.99999999$$

所以才會得出這個答案！

原來如此～！
咦？但是手機的計算機輸入1÷3，
答案也是0.33333333啊？

沒錯！
因為手機的計算機也無法顯示分數，
所以會顯示1÷3＝0.33333333！

但是，手機的計算思考邏輯還是 $1 \div 3 = \dfrac{1}{3}$ 喲！

所以能夠正確計算出 $1 \div 3 \times 3 = 1$。

我現在才知道～！
也就是說，手機能夠計算分數！
但簡易型電子計算機不行！
是這樣啊！

回到一開始的問題！

$$\left(\dfrac{1}{4} + \dfrac{1}{6} \right) \times 36$$

用計算機要如何計算呢？
先看手機的計算機。

戰略

因為沒有（　）按鍵，

先計算 $\dfrac{1}{4} + \dfrac{1}{6}$，

得出的答案再 $\times 36$。

$\dfrac{1}{4}$ 只要輸入 $1 \div 4$ 就能算出來。

$\dfrac{1}{6}$ 只要輸入 $1 \div 6$ 就能算出來。

做法

輸入「$1 \div 4 + 1 \div 6 =$」，顯示的數字是 0.41666667。
（不過，手機的計算思考邏輯是 $5/12$）

在顯示0.41666667的狀態下，
輸入×36＝，就能顯示出正確答案15。

 我也做到了！

 順便一提，如果是iPhone還有另一招，
只要把手機的固定螢幕方向解除，
變成橫向……

就可以變成這個有更多按鍵功能的畫面了！

 好厲害！按鍵符號增加了！

 沒錯！然後你注意看左上的符號……。

 有（ ）按鍵～！

 是的！
所以，只要輸入「（1÷4＋1÷6）×36＝」……。

算出15了～！超簡單！

最後說明簡易型電子計算機該怎麼計算。

（$\frac{1}{4}+\frac{1}{6}$）×36，不能直接這麼計算！

必須使用分配律，

變成$\frac{1}{4}$×36＋$\frac{1}{6}$×36，

變形為$\frac{36}{4}+\frac{36}{6}$的算式，

接著輸入「36÷4＝」得到9，

再輸入「36÷6＝」得到6，

最後輸入「9＋6＝」就能算出15的答案。

真麻煩！
這麼看來，iPhone的計算機果然還是最強的！

這你就錯了！
其實比iPhone更方便的電子計算機，
還是很多的！

真的嗎～!？

其中超值得大力推薦的是
「Desmos」四則運算計算機，
不僅有（　　）不用說，
輸入的算式也會顯示在畫面上，一目瞭然！
而且也能保留輸入的算式及答案紀錄。

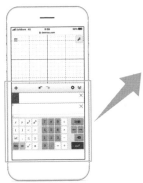

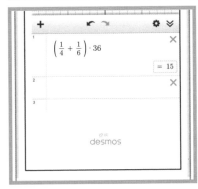

「Desmos」四則運算計算
機，也能透過電腦或手機連
結使用。能使用各種計算符
號，不論是（　）或分數計
算都輕而易舉。

好強！太強大了！
但是，這應該很貴吧？

你所在意的價格，免費！沒想到吧？

什麼～！

用Desmos計算簡直就像變魔術！

4 〈同乘其餘〉

 12×68＋12×32，算術迷需要幾秒可以算出答案呢？
來～計時開始！

 嗯～以筆算先計算乘法，
再相加起來。

$$12×68＋12×32$$
$$＝816＋384$$
$$＝1200$$

好了！20秒可以算出答案！

 NO！NO！NO！
使用祕技的話，只需要5秒喔！
而且不需要筆算，心算就可以了！

 不會吧～!?

 你想知道是什麼祕技嗎？

 當然想！

 那就讓我來介紹吧！
這次的計算奧義要亮相了！
名字叫做〈同乘其餘〉。

遇到相同數字的乘法運算時，
寫成「相同的數字×（　　）」的算式，
然後再把其他剩下的數字放入括號的祕技。

〈同乘其餘〉的運用方式

$12 \times 68 + 12 \times 32$ 的算式，可以寫成相同數字 $12 \times$ 的算式，
也就是

$$12 \times 68 + 12 \times 32$$
$$= 12 \times （　　　　　　）$$

整理成上面這個算式後，
你覺得（　　）裡要放進哪些數字呢？

68和32？

一點也沒錯！
接下來就把其他剩下的數字放進去括號就好了！

$$12 \times 68 + 12 \times 32$$
$$= 12 \times （68 + 32）$$

接下來只需要心算就好了，對吧？

嗯～

$$= 12 \times （68 + 32）$$
$$= 12 \times 100$$
$$= 1200$$

68 + 32 剛好是 100，超級簡單

優秀！
接下來有個問題要問算術迷。

$$12 \times 68 + 12 \times 32$$
$$= 12 \times (68 + 32)$$

這個算式的變形，你有沒有覺得很眼熟呢？
不久前我們練習過類似的變形……。

嗯……啊！如果上下顛倒的話……。

$$12 \times (68 + 32)$$
$$= 12 \times 68 + 12 \times 32$$

是〈分配乘和〉！

沒錯！

〈同乘其餘〉　　　　〈分配乘和〉
　$12 \times 68 + 12 \times 32$　　　$12 \times (68 + 32)$
$= 12 \times (68 + 32)$　　$= 12 \times 68 + 12 \times 32$

把它們左右併排，就能立刻看出
〈同乘其餘〉的算式反過來就是〈分配乘和〉！

原來如此～說到〈分配乘和〉，
紀三同學曾精彩地說明過可以運用長方形面積來思考。
啊！也就是說，
〈同乘其餘〉同樣也可以運用長方形面積的思考邏輯囉？

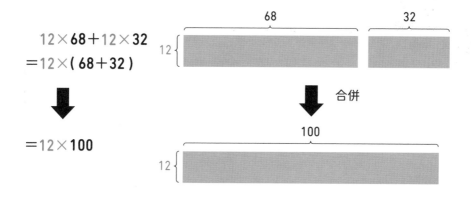

$12 \times 68 + 12 \times 32$
$= 12 \times (68 + 32)$

$= 12 \times 100$

算出來了！

 太優秀了！
以長方形面積來思考乘法運算，
不僅可以鍛鍊計算能力，也能增強圖形運用，
不妨多以面積圖來思考各類型的乘法運算問題吧！

 好的。
（多虧紀三同學教了我很多～～～。嘿嘿嘿）

 好！
接下來我們便運用〈同乘其餘〉
來計算各種問題吧！

同乘其餘
標準 篇

\ 把相同數字的乘法集中在一起 /

難易度★★☆☆☆　天才度★★★☆☆　實用度★★★★★

只要發現相同數字的乘法運算時，就歸納成 [同 × (　)]，其餘數字都放入 (　) 吧！

例題 $12 \times 68 + 12 \times 32$

〰〰〰〰〰〰〰〰〰〰〰〰〰〰〰〰〰

$$12 \times 68 + 12 \times 32$$

┌─────────────┐
│ 12× 是相同的！ │
└─────────────┘

$$= 12 \times (68 + 32)$$
$$= 12 \times 100$$
$$= 1200$$

計算看看吧！

①314×57＋314×43

②67×19＋81×67

③29×61＋61×37＋34×61

④125×333＋125×555

・不假思索地
計算120秒

・用電子計算機
計算60秒

・使用祕技
計算30秒

\\ l //

解答

① $\quad 314 \times 57 + 314 \times 43$

$= 314 \times (57 + 43)$

$= 314 \times 100$

$= 31400$

② $\quad 67 \times 19 + 81 \times 67$

$= 67 \times (19 + 81)$

$= 67 \times 100$

$= 6700$

③ $\quad 29 \times 61 + 61 \times 37 + 34 \times 61$

$= 61 \times (29 + 37 + 34)$

$= 61 \times 100$

$= 6100$

④　　　$125 \times 333 + 125 \times 555$

$= 125 \times (333 + 555)$

$= 125 \times 888$

                     8×111　　祕技04

$= 1000 \times 111$

$= 111000$

小菜一碟！
心算30秒就解開了！
算術迷，狀況絕佳！

超級優秀！
只要發現相同數字的乘法運算，
就加上括號，用〈同乘其餘〉一決勝負！

同乘其餘
變形 篇

\ 創造＆集中相同數字 /

難易度★★★★☆　天才度★★★★★　實用度★★★★☆

只要發現相近數字的乘法運算時，將算式變形，創造出相同數字的乘法運算，使用〈同乘其餘〉技巧吧！

例題 $12 \times 68 + 13 \times 32$

$12 \times 68 + \boxed{13} \times 32$　想變化為 $12 \times (\quad)$ 的算式！變形為 $13 \to 12 + 1$

$= 12 \times 68 + (12 + 1) \times 32$

$= 12 \times 68 + 12 \times 32 + 1 \times 32$

$= 12 \times (68 + 32) + 1 \times 32$

$= 12 \times 100 + 32$

$= 1200 + 32$

$= 1232$

計算看看吧！

① $314 \times 57 + 315 \times 43$

② $69 \times 19 + 81 \times 67$

③ $29 \times 60 + 61 \times 37 + 34 \times 62$

・不假思索地
計算120秒

・用電子計算機
計算60秒

・使用祕技
計算40秒

解答

① $314 \times 57 + \boxed{315} \times 43$ 　　想變化為314×(　)的算式！
　　　　　　　　　　　　　　　　變形為315→314+1

$= 314 \times 57 + (314 + 1) \times 43$

$= 314 \times 57 + \underset{①}{\underline{314 \times 43}} + \underset{②}{\underline{1 \times 43}}$

$= 314 \times (57 + 43) + 1 \times 43$

$= 314 \times 100 + 43$

$= 31400 + 43$

$= 31443$

② $\boxed{69} \times 19 + 81 \times 67$ 　　想變形為67×(　)的算式！
　　　　　　　　　　　　　　　變形為69→67+2

$= \boxed{(67 + 2)} \times 19 + 81 \times 67$

$= \underset{①}{\underline{67 \times 19}} + \underset{②}{\underline{2 \times 19}} + 81 \times 67$

$= 67 \times (19 + 81) + 2 \times 19$

$= 67 \times 100 + 38$

$= 6700 + 38$

$= 6738$

③

> 想變化為61×(　)的算式！
> 變形為60→61-1　62→61+1

$$29 \times \boxed{60} + 61 \times 37 + 34 \times \boxed{62}$$

$$= 29 \times \boxed{(61 - 1)} + 61 \times 37 + 34 \times \boxed{(61 + 1)}$$
$$\quad\quad\quad\; \underset{①}{\frown} \; \underset{②}{\frown} \quad\quad\quad\quad\quad\quad\quad \underset{③}{\frown} \; \underset{④}{\frown}$$

$$= \underset{①}{\underline{29 \times 61}} - \underset{②}{\underline{29 \times 1}} + 61 \times 37 + \underset{③}{\underline{34 \times 61}} + \underset{④}{\underline{34 \times 1}}$$

$$= 61 \times (29 + 37 + 34) - 29 \times 1 + 34 \times 1$$

$$= 61 \times \underline{100} - \underline{29} + \underline{34}$$

$$= 6100 + 5$$

$$= 6105$$

小菜一碟！
心算40秒就解開了！
能夠巧妙變形，好痛快！

超優秀！
這個心情痛快的感覺非常重要，
看穿題目中的機關，成功追分吧！

同乘其餘
小數點位移 篇

\ 追根究底小數點的位移大法 /

難易度★★★★☆ 天才度★★★★★ 實用度★★★★★

只要發現小數點位數不同的乘法運算時，就移動小數點將算式變形，運用〈同乘其餘〉的技巧吧！

乘法運算時，若是一邊的小數點往右移，只要另一邊的小數點往左移相同位數就行了！

 123.4×0.91 + 1.234×81

123.4×0.19 + 1.234×81

> 想變化為
> 123.4×( ) 的算式！

右移2位(×100)↓　　　↓左移2位(÷100)

= 123.4×**0.19** + **123.4**×**0.81**

= 123.4×(**0.19** + **0.81**)　往反方向

= 123.4×**1**　　　　　　　移動相同位數

= 123.4　　　　　　　　　即可！

計算看看吧！

① $2.3 \times 0.79 + 0.23 \times 2.1$

② $5.71 \times 179 - 7.9 \times 57.1$

③ $3.14 \times 34 + 31.4 \times 5.2 + 0.314 \times 140$

・不假思索地
計算120秒

・用電子計算機
計算60秒

・使用祕技
計算40秒

解答

① $2.3 \times 0.79 + 0.23 \times 2.1$ 　想變化為
　　　　　　　　　　　　　　　　$2.3 \times (\quad)$ 的算式!

　　　右移1位(×10)↓　　　↓左移1位(÷10)

$= 2.3 \times 0.79 + 2.3 \times 0.21$

$= 2.3 \times (0.79 + 0.21)$

$= 2.3 \times 1$

$= 2.3$

② 　　$5.71 \times 179 - 7.9 \times 57.1$ 　想變化為
　　　　　　　　　　　　　　　　　$5.71 \times (\quad)$ 的算式!

　　　右移1位(×10)↓　　　↓左移1位(÷10)

$= 5.71 \times 179 - 79 \times 5.71$

$= 5.71 \times (179 - 79)$

$= 5.71 \times 100$

　　　↓右移2位(×100)

$= 571$

③

想變化為3.14×(　　)的算式!

$$3.14 \times 34 + 31.4 \times 5.2 + 0.314 \times 140$$

左移1位　右移1位　右移1位　左移1位
（÷10）　（×10）　（×10）　（÷10）

$$= 3.14 \times 34 + 3.14 \times 52 + 3.14 \times 14$$

$$= 3.14 \times (34 + 52 + 14)$$

$$= 3.14 \times 100$$

↓右移2位(×100)

$$= 314$$

小菜一碟!
心算40秒就解開了!
算術迷,桃花期來了!

超級優秀!
小數點可以移來移去,
但對心愛的她可不能三心二意,
務必一心一意才不會讓情敵「乘」虛而入喲!

圓的問題也建議使用
〈同乘其餘〉喔！

圓形或扇形問題，
也建議運用〈同乘其餘〉來計算喲～！
比方說「半徑為6的圓面積和半徑為8的圓面積，
求它們的加總面積」，
這個問題你會怎麼解？

這還不簡單！
因為圓的面積＝半徑×半徑×3.14，
半徑為6的圓面積＝$6 \times 6 \times 3.14 = 113.04$
半徑為8的圓面積＝$8 \times 8 \times 3.14 = 200.96$
所以加總為$113.04 + 200.96 = 314$
答案是$314\,cm^2$。

正確答案！
不過，有更簡單的方法喲！
圓或扇形的問題，一定會出現 $\times 3.14$。
也就是說，這是相同數字的乘法運算。

那就是〈同乘其餘〉！也就是說，
半徑為6的圓面積＋半徑為8的圓面積

$$= 6 \times 6 \times 3.14 + 8 \times 8 \times 3.14$$
$$= 3.14 \times (6 \times 6 + 8 \times 8)$$

$$= 3.14 \times (36 + 64)$$
$$= 3.14 \times 100$$
$$= 314$$

答案是 $314\,cm^2$。

好厲害！

用這個方法，麻煩的 3.14 乘法運算也能用心算計算出來！

優秀！

那麼，下面這一題！

求以下圖形的圓周長。

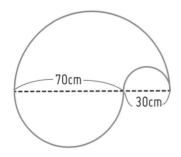

70cm

30cm

嗯……

只要計算（直徑 100 的半圓弧長）＋（直徑 70 的半圓弧長）＋

（直徑 30 的半圓弧長）就行了！

圓周長＝直徑 $\times$ 3.14，

所以半圓的弧長＝直徑 $\times$ 3.14 $\div$ 2。

（直徑100的半圓弧長）+（直徑70的半圓弧長）+（直徑30的半圓弧長）

$= 100 \times 3.14 \div 2 + 70 \times 3.14 \div 2 + 30 \times 3.14 \div 2$

哇！可以用〈同乘其餘〉的方式，把 × 3.14 歸納在一起！

$= 3.14 \times (100 \div 2 + 70 \div 2 + 30 \div 2)$
$= 3.14 \times (50 + 35 + 15)$
$= 3.14 \times 100$
$= 314$

我算好了！
我再次用心算計算出 3.14 的乘法運算了！

厲害！
接下來是最後一題了！
這題同樣可以使用〈同乘其餘〉喲！

【問題】求圖形中黑色部分的面積。

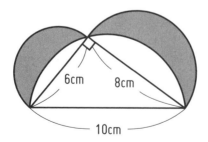

好！看我用〈同乘其餘〉把相同數字括起來！

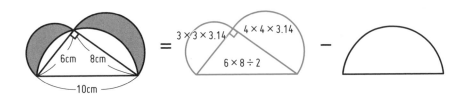

半徑3cm的半圓＋半徑4cm的半圓＋6cm 8cm 10cm的直角三角形－半徑5cm的半圓

$$= 3 \times 3 \times 3.14 \div 2 + 4 \times 4 \times 3.14 \div 2 + 6 \times 8$$
$$\div 2 - 5 \times 5 \times 3.14 \div 2$$
$$= 3.14 \times (3 \times 3 \div 2 + 4 \times 4 \div 2 - 5 \times 5 \div 2)$$
$$+ 6 \times 8 \div 2$$
$$= 3.14 \times \left(\frac{9}{2} + \frac{16}{2} - \frac{25}{2} \right) + 24$$
$$= 3.14 \times 0 + 24$$
$$= 24$$

地下組織一網打盡
（第28頁）

答案是 $24\,cm^2$。

超優秀！
也就是說，黑色部分（2個新月形）的面積，
和直角三角形的面積相同喲！
這種情況稱為「希波克拉底定理」。
另外，像這類求出和直角三角形相連的新月形面積的問題，
則稱為「希波克拉底月牙」。

真是超級優秀的問題！

5

〈數列和〉

 首先說明一下什麼是「數列」。

$$1, 4, 9, 16, 25, 36$$

把一堆數字排成一列,就叫「數列」。

順便一提,以下這些排成一列用吸管喝飲料的,

是「吸列」,不是「數列」。

 好冷!

 加法運算的答案稱為「和」,所以

$$1 + 4 + 9 + 16 + 25 + 36$$

這就是〈數列和〉。那麼,圍在一起喝飲料的這些人,

就是「吸列合」。

笑死！

 接著我們想想看以下的數列，

$$1, 4, 7, 10, 13$$

有什麼特徵呢？

 相鄰數字都相差了 3 且逐漸增加。

$$\overset{+3}{\curvearrowright} \quad \overset{+3}{\curvearrowright} \quad \overset{+3}{\curvearrowright} \quad \overset{+3}{\curvearrowright}$$
$$1, \quad 4, \quad 7, \quad 10, \quad 13$$

 優秀！反過來看，
是相鄰數字的「差」（減法運算的答案）都是 3。

$$\overset{4-1=3}{\curvearrowright} \quad \overset{7-4=3}{\curvearrowright} \quad \overset{10-7=3}{\curvearrowright} \quad \overset{13-10=3}{\curvearrowright}$$
$$1, \quad 4, \quad 7, \quad 10, \quad 13$$

像這樣，差的數字相等的數列，稱為「等差數列」。
順便一提，以下這些吸菸的人

不是「等差數列」，而是吸菸同樣有害健康的「等差吸列」。

 好冷！

 加法運算的答案是「和」，所以

$$1 + 4 + 7 + 10 + 13$$

這就叫「等差數列和」。

另外下面這些是要吸一起吸的

「等差吸列合」。

 昏倒！

 繼續想一想有關數列的問題吧！

> 2，6，18，54，162，486

這些數字之間有什麼特徵？

 相鄰的數字之間，就像下面一樣都相差了3倍。

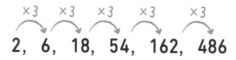

 優秀！

換一個方式來看，相鄰的數字全部都是1：3。

像這樣的「比值相同的數列」，就叫做「等比數列」。

> 2:6　6:18 18:54 54:162　162:486
> =1:3　=1:3　=1:3　=1:3　=1:3
>
> 2，6，18，54，162，486

順便一提，下面這些人

不是「等比數列」，而是吸別人頭皮的「頭皮吸列」。

我會昏倒！

加法運算的答案是「和」，所以

$$2 + 6 + 18 + 54 + 162 + 486$$

這就叫「等比數列和」，而下面這些人就是

「頭皮吸列合」。

真的昏倒！

其實多數的〈數列和〉都有魔法般的祕技，
你想知道嗎？

當然想！

那麼，這一回我就來一個個介紹〈數列和〉的祕技囉！

數列和
等差數列 篇

\ 注意首項、末項，以及有幾個數字 /

難易度★★☆☆　天才度★★★☆☆　實用度★★★★★

以 $\left[（首項＋末項）×\dfrac{個數}{2}\right]$ 來計算等差數列和。

例題 $1 + 4 + 7 + 10 + 13$

相鄰數字都是相差3的等差數列

$\triangle{1} + 4 + 7 + 10 + \boxed{13}$ 〈5個〉

$\downarrow$ （首項＋末項）× $\dfrac{\langle個數\rangle}{2}$

$$= (\triangle{1} + \boxed{13}) × \dfrac{\langle 5 \rangle}{2}$$
$$= \overset{7}{14} × \dfrac{5}{2}$$
$$= 35$$

練習問題

計算看看吧！

① $1 + 2 + 3 + 4 + 5 + 6 + 7 + 8 + 9 + 10$

② $1 + 2 + 3 + \cdots + 197 + 198 + 199$

③ $5 + 10 + 15 + \cdots + 90 + 95 + 100$

④ $4 + 7 + 10 + \cdots + 70 + 73 + 76$

・不假思索地
計算…舉手投降
・用電子計算機
計算…舉手投降
・使用祕技
計算40秒

① $\quad \triangle{1} + 2 + 3 + 4 + 5 + 6 + 7 + 8 + 9 + \boxed{10}$ 〈10個〉

都是相差1

$\downarrow$ (首項+末項) × $\frac{\langle 個數 \rangle}{2}$

$= (\triangle{1} + \boxed{10}) \times \frac{\langle 10 \rangle}{2}$

$= 11 \times \frac{\overset{5}{\cancel{10}}}{\cancel{2}_1}$

$= 55$

② $\quad \triangle{1} + 2 + 3 + \cdots + 197 + 198 + \boxed{199}$ 〈199個〉

都是相差1

$\downarrow$ (首項+末項) × $\frac{\langle 個數 \rangle}{2}$

$= (\triangle{1} + \boxed{199}) \times \frac{\langle 199 \rangle}{2}$

$= \underset{100}{\cancel{200}} \times \frac{199}{\cancel{2}}$

$= 19900$

1～10是10個的話
1～199是199個

③

都是相差5

$1 \times ⑤ \quad 2 \times ⑤ \quad 3 \times ⑤ \quad \cdots \quad 18 \times ⑤ \quad 19 \times ⑤ \quad 20 \times ⑤$

$\triangle{5} + 10 + 15 + \cdots + 90 + 95 + \boxed{100}$ 〈20個〉

$\downarrow$ (首項+末項) × $\frac{個數}{2}$

$= (\triangle{5} + \boxed{100}) \times \frac{\langle 20 \rangle}{2}$

$= 105 \times \frac{\overset{10}{\cancel{20}}}{\cancel{2}_1}$

$= 1050$

④

$$1\times3+1 \quad 2\times3+1 \quad 3\times3+1 \quad \cdots \quad 23\times3+1 \quad 24\times3+1 \quad 25\times3+1$$

$$\triangle{4} + 7 + 10 + \cdots + 70 + 73 + \boxed{76} \quad \langle 25個 \rangle$$

$$\downarrow \quad (\triangle{首項} + \boxed{末項}) \times \frac{\langle 個數 \rangle}{2}$$

$$= (\triangle{4} + \boxed{76}) \times \frac{\langle 25 \rangle}{2}$$

$$= \overset{40}{80} \times \frac{25}{\underset{1}{2}}$$

$$= 4 \times 10 \times 25 \quad \text{祕技04}$$

$$= 100 \times 10$$

$$= 1000$$

小菜一碟！
心算40秒解決！
這麼算好快！

超級優秀！
用等差數列和的祕技，
讓其他人刮目相看，連聲喝（和）采！

數列和
等比數列 篇

\ 注意首項、末項及公比 /

難易度★★★★☆　天才度★★★★☆　實用度★★★★★

等比數列和是以 $\left[\dfrac{\text{末項} \times \text{公比} - \text{首項}}{\text{公比} - 1}\right]$ 來計算。

公比計算可以用［第2項÷第1項］得到。

例題 2 + 6 + 18 + 54 + 162 + 486

比值為1:3的等比數列

2 + 6 + 18 + 54 + 162 + 486

$\dfrac{\text{末項} \times \text{公比} - \text{首項}}{\text{公比} - 1}$

公比
（第2項）÷（第1項）＝6÷2
＝3

$$= \frac{486 \times 3 - 2}{3 - 1}$$

$$= \frac{1458 - 2}{2} = \frac{1456}{2}$$

$$= 728$$

計算看看吧！

① 2＋10＋50＋250＋1250＋6250

② 1024＋512＋256＋128＋64＋32＋
16＋8＋4＋2＋1

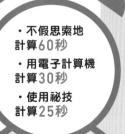

・不假思索地
計算60秒
・用電子計算機
計算30秒
・使用祕技
計算25秒

① $\quad 2 + 10 + 50 + 250 + 1250 + \boxed{6250}$

$\downarrow$ $\dfrac{\text{末項} \times \text{公比} - \text{首項}}{\text{公比} - 1}$

$= \dfrac{6250 \times 5 - 2}{5 - 1}$

公比
（第2項）÷（第1項）＝10÷2
＝5

$= \dfrac{31250 - 2}{4}$

$= \dfrac{31248}{4}$

$= 7812$

② 數字愈來愈小
左右相反來計算等比數列和！

$1024 + 512 + 256 + \cdots + 4 + 2 + 1$

$= 1 + 2 + 4 + \cdots + 256 + 512 + \boxed{1024}$

公比

$= \dfrac{1024 \times 2 - 1}{2 - 1}$

公比
（第2項）÷（第1項）＝2÷1
＝2

$= \dfrac{2048 - 1}{1}$

$= 2047$

小菜一碟！
心算25秒就解決了！
算術迷，不會逃避問題，
直到找出正確答案才善罷干休！

超級優秀！
逃避等比數列絕對NO！NO！NO！
使用祕技高明地找出答案！
順便一提，練習問題②

$$1024 + 512 + 256 + 128 + 64 + 32 + 16 + 8 + 4 + 2 + 1$$

也可以直接使用祕技。這時候，
公比是（第2項）÷（第1項）＝ 512 ÷ 1024 ＝ 0.5，所以

$$\frac{末項 \times 公比 - 首項}{公比 - 1}$$ 就是 $$\frac{1 \times 0.5 - 1024}{0.5 - 1}$$。

只要具備國中時會學的「負數（小於0的數字）」知識，
就能算出這題的答案。
但～是，
「愈來愈小的等比數列和」
與其直接使用祕技，左右反過來，
讓它變成「愈來愈大的等比數列和」，
計算更簡單！

數列和
分子/等差的積 篇
\ 首項與末項、分子與分母的差 /

難易度★★★★☆　天才度★★★★★　實用度★★☆☆☆

加總「分子/等差的積」時，以 $\left[\dfrac{分子}{差} \times \left(\dfrac{1}{首項} - \dfrac{1}{末項}\right)\right]$ 來

計算。這裡的差，指的是 [分母的 2 個數字相減之差]。

例題 $\dfrac{1}{1 \times 4} + \dfrac{1}{4 \times 7} + \dfrac{1}{7 \times 10} + \dfrac{1}{10 \times 13}$

$$\dfrac{\langle 1 \rangle}{\triangle{1} \times 4} + \dfrac{\langle 1 \rangle}{4 \times 7} + \dfrac{\langle 1 \rangle}{7 \times 10} + \dfrac{\langle 1 \rangle}{10 \times \boxed{13}}$$

$$\downarrow \quad \dfrac{\langle 分子 \rangle}{差} \times \left(\dfrac{1}{首項} - \dfrac{1}{末項}\right)$$

差
分母的 2 個數字的差
$4 - 1 = \boxed{3}$

$$= \dfrac{\langle 1 \rangle}{3} \times \left(\dfrac{1}{\triangle{1}} - \dfrac{1}{\boxed{13}}\right)$$

$$= \dfrac{1}{3} \times \left(\dfrac{13}{13} - \dfrac{1}{13}\right)$$

$$= \dfrac{1}{3} \times \dfrac{\cancel{12}^{4}}{13} = \dfrac{4}{13}$$

練習問題

計算看看吧！

① $\dfrac{1}{1\times2}+\dfrac{1}{2\times3}+\dfrac{1}{3\times4}+\dfrac{1}{4\times5}$

② $\dfrac{2}{1\times6}+\dfrac{2}{6\times11}+\dfrac{2}{11\times16}+\cdots+\dfrac{2}{91\times96}$

$\times\dfrac{2}{96\times101}+\dfrac{2}{101\times106}$

- 不假思索地
計算…舉手投降
- 用電子計算機
計算…舉手投降
- 使用祕技
計算20秒

解答

①
$$\frac{\langle 1 \rangle}{\triangle 1 \times 2} + \frac{\langle 1 \rangle}{2 \times 3} + \frac{\langle 1 \rangle}{3 \times 4} + \frac{\langle 1 \rangle}{4 \times \boxed{5}}$$

$$\downarrow \frac{\langle 分子 \rangle}{差} \times \left(\frac{1}{首項} - \frac{1}{末項} \right)$$

差
分母的2個數字的差
$2-1=\boxed{1}$

$$= \frac{\langle 1 \rangle}{1} \times \left(\frac{1}{\triangle 1} - \frac{1}{\boxed{5}} \right)$$

$$= 1 \times \left(\frac{5}{5} - \frac{1}{5} \right)$$

$$= \frac{4}{5}$$

②
$$\frac{\langle 2 \rangle}{\triangle 1 \times 6} + \frac{\langle 2 \rangle}{6 \times 11} + \frac{\langle 2 \rangle}{11 \times 16} + \cdots +$$

$$\frac{\langle 2 \rangle}{91 \times 96} + \frac{\langle 2 \rangle}{96 \times 101} + \frac{\langle 2 \rangle}{101 \times \boxed{106}}$$

$$\downarrow \frac{\langle 分子 \rangle}{差} \times \left(\frac{1}{首項} - \frac{1}{末項} \right)$$

差
分母的2個數字的差
$6-1=\boxed{5}$

$$= \frac{\langle 2 \rangle}{5} \times \left(\frac{1}{\triangle 1} - \frac{1}{\boxed{106}} \right)$$

$$= \frac{2^{1}}{5_{1}} \times \frac{105^{21}}{106_{53}}$$

$$= \frac{21}{53}$$

小菜一碟！

心算20秒就解決了！

這真的是超級無敵快！

沒錯！

這麼一來，你就能輕鬆算出〈數列和〉。

真是如虎「加」翼、喜上「加」喜。

順便一提，

為什麼能以 $\dfrac{\langle \text{分子} \rangle}{\text{差}} \times (\dfrac{1}{\text{首項}} - \dfrac{1}{\text{末項}})$ 計算出解答，

我們可以用下列的算式來說明。

$$\dfrac{\langle 5 \rangle}{4 \times 7} + \dfrac{\langle 5 \rangle}{7 \times 10} + \dfrac{\langle 5 \rangle}{10 \times \boxed{13}}$$

差
$7 - 4 = ③$

$$= \dfrac{5}{3} \times \dfrac{3}{4 \times 7} + \dfrac{5}{3} \times \dfrac{3}{7 \times 10} + \dfrac{5}{3} \times \dfrac{3}{\boxed{10 \times 13}}$$

$$= \dfrac{5}{3} \times (\dfrac{3}{4 \times 7} + \dfrac{3}{7 \times 10} + \dfrac{3}{10 \times 13})$$

$$= \dfrac{5}{3} \times (\dfrac{1}{4} - \dfrac{1}{7} + \dfrac{1}{7} - \dfrac{1}{10} + \dfrac{1}{10} - \dfrac{1}{13})$$

$$= \dfrac{\langle 5 \rangle}{③} \times (\dfrac{1}{4} - \dfrac{1}{\boxed{13}})$$

→ 變成0的感覺真好！

數列和
連續 **2** 整數的乘積 篇
\ 務必注意最末項的積 /

難易度★★★★☆　天才度★★★★☆　實用度★★☆☆☆

從 1 開始的連續 2 整數相乘後加總，以 $\left[\dfrac{\text{最末項的積} \times \text{其次的數字}}{3}\right]$ 來計算。

例題 $1 \times 2 + 2 \times 3 + 3 \times 4 + 4 \times 5$

從 1 開始！

$\triangle \times 2 + 2 \times 3 + 3 \times 4 + \boxed{4 \times 5}$

$\dfrac{\text{最末項的積} \times \langle\text{其次的數字}\rangle}{3}$

其次的數字

$$= \frac{4 \times 5 \times 6}{3}$$

$$= \frac{4 \times 5 \times 6^{2}}{3_{1}}$$

$$= 40$$

計算看看吧！

① $1 \times 2 + 2 \times 3 + 3 \times 4 + \cdots + 100 \times 101$

② $3 \times 6 + 6 \times 9 + 9 \times 12 + \cdots + 27 \times 30$

・不假思索地
計算…舉手投降
・用電子計算機
計算…舉手投降
・使用祕技
計算30秒

解答

① 從 1 開始！

$$1 \times 2 + 2 \times 3 + 3 \times 4 + \cdots + 100 \times 101$$

↓ 最末項的積 × 其次的數字

$$= \frac{\boxed{100 \times 101} \times \langle 102 \rangle^{\,3}}{3}$$

$$= \frac{100 \times 101 \times 102^{\,34}}{3}$$

$$= 100 \times 101 \times 34$$

$$= 343400$$

$$\begin{array}{r} 101 \\ \times\ 34 \\ \hline 3434 \end{array}$$

② 把算式改成從 1 開始！

$$3 \times 6 + 6 \times 9 + 9 \times 12 + \cdots + 27 \times 30$$

1×2的9倍　2×3的9倍　3×4的9倍　…　9×10的9倍

$$= (1 \times 2 + 2 \times 3 + 3 \times 4 + \cdots + \boxed{9 \times 10}) \times 9$$

↓ 最末項的積 × 其次的數字 / 3

$$= \frac{\boxed{9 \times 10} \times \langle 11 \rangle}{3} \times 9^{\,3}$$

$$= 9 \times 10 \times 11 \times 3$$

$$= 2970$$

132

小菜一碟！
心算30秒就解決了！
算術迷，急速成長！

 超級優秀！
算術迷已經成了〈數列和〉專家了。

 嚇（和）～～～！

 順便一提，為什麼可以使用 $\dfrac{\boxed{\text{最末項的積}} \times \langle\text{其次的數字}\rangle}{3}$
算出答案，可以看看以下的算式說明。

$$1 \times 2 + 2 \times 3 + \boxed{3 \times 4}$$

$$= 4 \times 3 + 3 \times 2 + 2 \times 1$$

$$= 4 \times 3 \times \frac{5-2}{3} + 3 \times 2 \times \frac{4-1}{3} + 2 \times 1 \times \frac{3-0}{3}$$

$$= \frac{4 \times 3 \times (5-2) + 3 \times 2 \times (4-1) + 2 \times 1(3-0)}{3}$$

$$= \frac{5 \times 4 \times 3 - 4 \times 3 \times 2 + 4 \times 3 \times 2 - 3 \times 2 \times 1 + 3 \times 2 \times 1 - 2 \times 1 \times 0}{3}$$

變成0，超痛快！

$$= \frac{5 \times 4 \times 3}{3} = \frac{\boxed{3 \times 4} \times 5}{3}$$

數列也能
利用面積來說明喔！

 等差數列的和，用面積來思考也是很巧妙的一種方法喲！

 怎麼說呢？

 例如，1＋2＋3＋4＋5＋6＋7＋8＋9＋10的算式，可以用

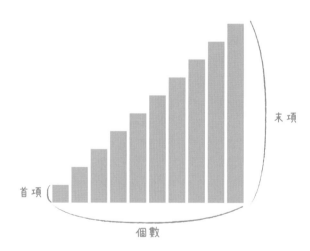

末項

首項

個數

像這樣的階梯面積來思考！

然後，把這個階梯上下顛倒後，
和原先的階梯拼在一起……。

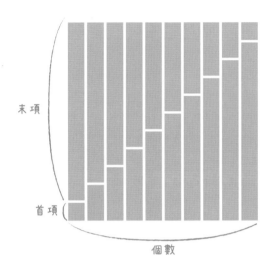

 變成長方形了！

 長是「首項＋末項」，
寬是「個數」，
長方形的面積是「（首項＋末項）×個數」，
階梯的面積＝長方形面積的「一半」，所以……

 就等於（首項＋末項）× $\dfrac{個數}{2}$ 的結果！

 真是優秀～！

電算君的電子計算機小知識

秒速計算數列的
超級電子計算機！

 大家有辦法把下面這個數列用電子計算機算出來嗎？

$$1 + 2 + 3 + \cdots + 10000$$

用手機的計算機功能或簡易型電子計算機計算的話，
大概花10個鐘頭可以算出來！
請大家務必試試看！

 誰吃飽那麼閒啊！

 不過，實際上，也有能夠一下子計算出 $1 + 2 + 3 + \cdots + 10000$
的超級電子計算機喔！
它的名字叫做
「Wolfram Alpha」！

光看名字就覺得好酷！

使用「Wolfram Alpha」輸入
「$1 + 2 + 3 + \cdots + 10000$」，
然後點選「計算」，
立刻就能計算出來，
正確答案是 50005000！

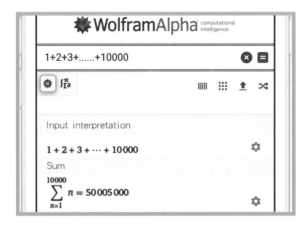

數列是輸入2個以上的「.（點）」來表示。「Σ（sigma）」的地方出現「50005000」就是這個數列的答案。其他還有各種功能，請務必試試看。

 厲害！太厲害了！
但是～這一定很貴吧？

 大家最在乎的價格……免費！

 竟然～！

 「Wolfram Alpha」讓人感動到
眼睛都一閃一閃亮晶晶了！

6

〈假平均〉

 下面這個問題，算術迷幾秒可以算出來呢？
來，計時開始！

【問題】請計算以下5個人的平均身高。

松本同學　173cm　　大野同學　166cm
二宮同學　168cm　　櫻井同學　171cm
相葉同學　176cm

 嗯～5個人的身高相加，然後再除以5就好了。

$$(173 + 168 + 176 + 166 + 171) \div 5$$
$$= 854 \div 5$$
$$= 170.8$$

答案是170.8cm。好了！
40秒可以算出來。

 NO！NO！NO！
使用祕技的話，只需要15秒就算出來了。

 你說什麼!?

 你想知道是什麼祕技嗎？

 當然想！

那麼，接下來我就來介紹。
請看這次的計算奧義！名字叫做〈假平均〉。
這是求合計、平均時非常方便的祕技！

〈假平均〉的使用方式

 我先說明一下〈假平均〉是什麼。
你覺得173cm、168cm、176cm、166cm、171cm的平均，
大概是多少？

 嗯～大概170cm左右吧？

 優秀！
這個你認為「大概～左右的數值」
就是〈假平均〉。

 不會吧？這麼隨便地決定可以嗎？

 是的！反正只是假設，抓個大概就好了。
接下來我們利用〈假平均〉，
就可以超簡單地計算出合計或平均。
比方說5個人的身高合計，如果使用一般的計算方式，

173 + 168 + 176 + 166 + 171

只能乖乖地用筆慢慢加總。
但是，如果利用〈假平均〉的話，

$$173 + 168 + 176 + 166 + 171$$
$$= (170 + 3) + (170 - 2) + (170 + 6) + (170 - 4)$$
$$+ (170 + 1)$$
$$= 170 \times 5 + (3 - 2 + 6 - 4 + 1)$$

以 [假平均 × 人數 ＋ 差距合計]，
這樣就能求出合計，對吧？

原來如此。這麼一來就能用心算得出答案。
$850 + 4 = 854$，對吧？

優秀！
先記住 [合計＝假平均 × 人數＋差距合計]。
接著，利用〈假平均〉試著求出平均身高吧。
5 個人的身高合計，使用祕技是的話，

$$170 \times 5 + (3 - 2 + 6 - 4 + 1)$$

然後，平均身高＝身高合計 ÷ 人數，所以

$$平均 = 170 + (3 - 2 + 6 - 4 + 1) \div 5$$

也就是說 [平均＝假平均＋差距合計 ÷ 人數]。

原來如此。這麼一來就可以用心算求出答案。

$$170 + (3 - 2 + 6 - 4 + 1) \div 5$$
$$= 170 + 4 \div 5$$
$$= 170 + 0.8$$
$$= 170.8$$

平均身高是170.8cm。

優秀！
使用〈假平均〉祕技的話，平均的問題也不用煩惱了！

算術迷的提問

假平均使用任何數字都沒關係嗎？

真是個好問題！
你覺得呢？

嗯～我覺得好像任何數字都可以……。

你說的沒錯！
先說結論：
「任何數字都行，但有幾點需要注意」！

需要注意？

比方說，來看看下面這個問題吧！
題目是「求出173cm、168cm、176cm、166cm、171cm
這5人的平均身高」。
剛剛算出來的答案是170.8cm對吧？
我們現在假設把100cm
當作〈假平均〉來計算看看吧！
算式是[平均＝假平均＋差距合計÷人數]，所以

$$100 + (73 + 68 + 76 + 66 + 71) \div 5$$
$$= 100 + 354 \div 5$$
$$= 100 + 70.8$$
$$= 170.8$$

得出相同的答案了！
但是計算變得好複雜！

就是這樣！
〈假平均〉雖然任何數字都無所謂，但有時假平均的數字
會使計算變得很複雜，所以必須注意！
決定假平均時，
要讓計算變得更輕鬆才是重點。
計算173cm、168cm、176cm、166cm、171cm的
5人平均身高時，
我的建議是以下的3個！

①使用當中最小的數值作為〈假平均〉
以最小的數值166cm作為假平均的話，

$$166 + (7 + 2 + 10 + 0 + 5) \div 5$$
$$= 166 + 24 \div 5$$
$$= 166 + 4.8$$
$$= 170.8$$

②使用所有數字當中最介於中間的數值作為〈假平均〉
以介於中間的數值171cm作為假平均的話，

$$171 + (2 - 3 + 5 - 5 + 0) \div 5$$
$$= 171 + (-1) \div 5$$
$$= 171 - 0.2$$
$$= 170.8$$

差距合計是負數時，
會變成減法運算喔！

③使用大概介於中間，取一個整數值作為〈假平均〉
差不多是中間值，以整數值170cm作為假平均的話，

$$170 + (3 - 2 + 6 - 4 + 1) \div 5$$
$$= 170 + 4 \div 5$$
$$= 170 + 0.8$$
$$= 170.8$$

答案全部一樣耶！
而且計算好輕鬆！
〈假平均〉超讚！

好！
接下來我們就用〈假平均〉解開更多
合計與平均的問題吧！

假平均
合計 篇

\ 注意假平均的差距 /

難易度★★★☆☆　天才度★★★☆☆　實用度★★★★☆

以［合計＝假平均×人數＋差距合計］計算合計。

 例題　計算以下5人的身高合計。

松本同學　173cm　　大野同學　166cm

二宮同學　168cm　　櫻井同學　171cm

相葉同學　176cm

先假設 假平均＝170……

合計 ＝假平均×人數＋差距合計
　　　＝170×5＋(3－2＋6－4＋1)
　　　＝850＋4
　　　＝854

答案　854cm

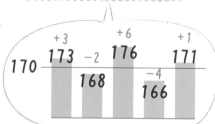

計算看看吧！

① 求以下5人的身高合計。

魯夫	174 cm
索隆	181 cm
娜美	170 cm
騙人布	176 cm
香吉士	180 cm

② 炭治郎、禰豆子、善逸、伊之助4個人參加數學測驗。
4人的分數分別如下方所示。
求4人的總分。

炭治郎	78分
禰豆子	88分
善逸	85分
伊之助	77分

・不假思索地
計算40秒
・用電子計算機
計算30秒
・使用祕技
計算20秒

解答

① 先假設 假平均＝170 ······

魯夫 174cm	騙人布 176cm
索隆 181cm	香吉士 180cm
娜美 170cm	

合計 ＝假平均×人數＋差距合計
　　＝170×5＋(4＋11＋0＋6＋10)
　　＝850＋31
　　＝881

答案　881cm

② 先假設 假平均＝80 ······

| 炭治郎 78分 |
| 禰豆子 88分 |
| 善逸 85分 |
| 伊之助 77分 |

合計 ＝假平均×人數＋差距合計
　　＝80×4＋(－2＋8＋5－3)
　　＝320＋8
　　＝328

答案　328分

小菜一碟！
心算20秒就解決了！
算術迷，火力全開！

超級優秀！

只要使用〈假平均〉，這種問題根本超容易！
簡直是威力不「假」，如「假」包換的祕技！

聽好了。算術迷。
使用〈假平均〉時，
決定以哪個數值當作〈假平均〉，
就能看出你的功力所在。
因為〈假平均〉的數值，
決定了之後的計算難易度。
而且，〈假平均〉的威力不是只有這樣。
能夠發揮〈假平均〉真正力量的，
是求平均值的問題。
接下來就以這股衝勁，繼續挑戰平均的問題吧！

假平均
平均 篇

！平均可以用心算求出！

難易度★★★★☆　天才度★★★★☆　實用度★★★★★

以［平均＝假平均＋差距合計÷人數］計算平均。

例題　　請計算以下5人的身高平均。

松本同學　173cm　　大野同學　166cm

二宮同學　168cm　　櫻井同學　171cm

相葉同學　176cm

先假設假平均=170⋯⋯

合計　＝假平均＋差距合計÷人數
　　　＝170＋(3－2＋6－4＋1)÷5
　　　＝170＋4÷5
　　　＝170＋0.8
　　　＝170.8　　　答案　170.8cm

計算看看吧！

① 求以下5人的身高平均。

魯夫	174cm
索隆	181cm
娜美	170cm
騙人布	176cm
香吉士	180cm

② 炭治郎、禰豆子、善逸、伊之助4個人參加數學測驗。
4人的分數分別如下方所示。
求4人的分數平均。

炭治郎	78分
禰豆子	88分
善逸	85分
伊之助	77分

・不假思索地
計算60秒
・用電子計算機
計算40秒
・使用祕技
計算20秒

解答

① 先假設 假平均=170 ……

魯夫 174cm	騙人布 176cm
索隆 181cm	香吉士 180cm
娜美 170cm	

$$合計 = 假平均 + 差距合計 \div 人數$$
$$= 170 \times (4 + 11 + 0 + 6 + 10) \div 5$$
$$= 170 + 31 \div 5$$
$$= 170 + 6.2$$
$$= 176.2 \qquad 答案 \quad 176.2cm$$

② 先假設 假平均=80 ……

炭治郎	78 分
禰豆子	88 分
善逸	85 分
伊之助	77 分

$$合計 = 假平均 + 差距合計 \div 人數$$
$$= 80 + (-2 + 8 + 5 - 3) \div 4$$
$$= 80 + 8 \div 4$$
$$= 80 + 2$$
$$= 82 \qquad 答案 \quad 82分$$

小菜一碟！

心算20秒算出答案囉！

算術迷，高速成長！

超級優秀！

只要能熟練〈假平均〉，

你就是吃了假假惡魔果實的能力者，

能夠使「假之呼吸」的鬼殺隊高手了[※]。

照這股氣勢，

繼續挑戰平均的延伸問題吧！

※動漫《航海王》中的角色吃了惡魔果實，能讓食用者擁用某種特殊能力；
　《鬼滅之刃》的鬼殺隊劍士修練成獨特的呼吸法與惡鬼對抗。

我是要成為平均王的男人！

假平均
平均的延伸問題 篇

＼ 這種問題也能使用假平均 ／

難易度★★★★★　天才度★★★★★　實用度★★★★☆

以［平均＝假平均＋差距合計÷人數］計算平均。

 有40個學生參加數學測驗。

成績優良的12人平均分數為89分，其餘28人的平均分數為64分。求40人的平均分數。

普通的計算方式

（總人數分數合計）÷（人數）

（ 89 × 12 ＋ 64 × 28 ）÷ 40

12人的總分　　28人的總分　　　總人數

計算很麻煩

假平均　先假設假平均＝64⋯⋯

平均 ＝ 假平均 ＋ 差距合計 ÷ 人數

64 ＋ 25 × 12 ÷ 40

＝ 64 ＋ 7.5
＝ 71.5

$$25 \times 12 \div 40$$
$$= \frac{25 \times 12}{40}^3$$
$$= \frac{75}{10}^{10}$$
$$= 7.5$$

地下組織一網打盡

答案　71.5分

以面積圖想一想⋯⋯

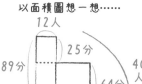

12人

25分

89分

64分

12人 28人

40人平分的話

↓

40人

25×12÷40

64分

12人 28人

152

計算看看吧！

① 有30個學生參加數學測驗。
成績優良的9人平均分數為87分，
其餘21人的平均分數為67分。
求30人的平均分數。

② 有39個學生參加數學測驗。
成績差的13人平均分數為57分，
其餘26人的平均分數為81分。
求39人的平均分數。

・不假思索地
計算80秒
・用電子計算機
計算60秒
・使用祕技
計算30秒

解答

① **先假設** 假平均=67……

> 成績優良的 9 人平均分數 87 分
> 其餘的 21 人平均分數 67 分

平均 ＝ 假平均 ＋ 差距合計 ÷ 人數

$$67 + 20 \times 9 \div 30$$

$$= 67 + 6$$

$$= 73$$

> $20 \times 9 \div 30$
> $= \dfrac{20 \times 9}{30}^{3}_{1}$
> $= 6$
> 地下組織一網打盡

答案 73分

以面積圖想一想……

9人
差距合計 20分
87分 67分
9人 21人
↓
30人
20×9÷30
67分
9人 21人

30人平分的話

---

② **先假設** 假平均=57……

> 成績差的 13 人平均分數 57 分
> 其餘的 26 人平均分數 81 分

平均 ＝ 假平均 ＋ 差距合計 ÷ 人數

$$57 + 24 \times 26 \div 39$$

$$= 57 + 16$$

$$= 73$$

> $24 \times 26 \div 39$
> $= \dfrac{24 \times 26}{39}^{8}^{2}_{13}{}_{1}$
> $= 16$
> 地下組織一網打盡

答案 73分

以面積圖想一想……

26人
24分 差距合計
57分 81分
13人 26人
↓
39人
24×26÷39
57分
13人 26人

39人平分的話

154

小菜一碟。心算30秒就解決了！我就是平均王～！

 超級優秀！
順便一提，假平均也可以使用在以下這類型的問題上。

【問題】
有30個學生參加數學考試。
全班的平均分數是73分，成績優秀的9人平均分數是87分。
求其餘21人的平均分數。

使用［平均＝假平均＋差距合計÷人數］，依照以下的順序想一想，整理一下吧！

①先假設「假平均」等於「全班平均」，「差距合計」是「與成績優秀的9人差距合計」。
②因為要求「其餘21人的平均分數」，所以「人數」是「21人」。
③「其餘21人的平均分數」，因為不包括成績優秀的學生，所以比「全班平均」低，也就是說不是加法，而是減法運算。

就以上的重點來看，可以整理出如下的算式。

其餘21人的平均＝全班平均－與成績優秀的9人差距合計÷21人

$$73 - 14 \times 9 \div 21$$
$$= 73 - 6$$
$$= 67 \qquad \textbf{答案 } 67分$$

以柱狀圖
說明〈假平均〉！

「合計＝假平均 × 人數 ＋ 差距合計」和
「平均＝假平均 ＋ 差距合計 ÷ 人數」
可以用柱狀圖來巧妙地說明喲！

興奮期待～！

那麼，請看問題。

【問題】請計算以下5人的身高合計及平均。

松本同學	173cm	大野同學	166cm
二宮同學	168cm	櫻井同學	171cm
相葉同學	176cm		

先計算身高合計！

假設假平均＝166……

合計＝假平均 × 人數 ＋ 差距合計

$$166 \times 5 + (7 + 2 + 10 + 0 + 5)$$
$$= 830 + 24$$
$$= 854$$

答案 854cm

以圖來表現，就像右圖
這樣！

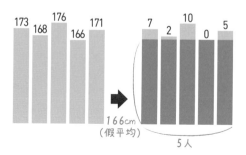

原來如此！
突出「假平均」的部分，就是「差距合計」！
確實是［合計＝假平均×人數＋差距合計］！

這真是太巧妙了！接下來求身高的平均！

假設假平均＝166……
平均＝假平均＋差距合計÷人數
　　166＋（7＋2＋10＋0＋5）÷5
＝166＋24÷5
＝166＋4.8
＝170.8　　　答案　170.8 cm

以柱狀圖來表現的話……

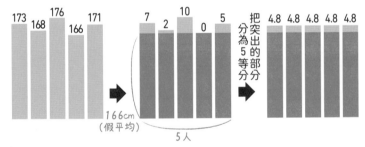

原來如此！
突出「假平均」的部分，就是「差距合計」。
把它們平均分為5等分，再放到「假平均」上面，
就是「身高平均」了！
確實是［平均＝假平均＋差距合計÷人數］！

這真是太巧妙了呢！

〈2位數×2位數〉

 算術迷，79×68的題目，你會怎麼算？

 嗯～因為使用筆算，所以會是這樣。

```
      7 9
   ×  6 8
    6 3 2
  4 7 4
  5 3 7 2
```

 嗯。

當然這樣也可以，

但比方說用下面這個算法呢？

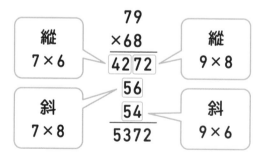

縱
7×6

縱
9×8

斜
7×8

斜
9×6

```
      7 9
   × 6 8
   42 72
     56
     54
  5372
```

 答案相同耶！

 用面積圖來表示，大概是像這樣。

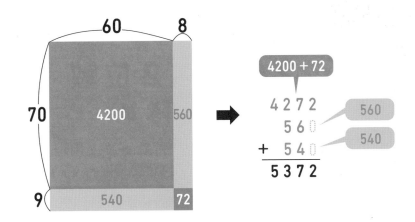

 一目瞭然！

 〈2 位數 × 2 位數〉的乘法運算，
使用 [縱] → [縱] → [斜] → [斜]，
就能大幅減少計算失誤喔！

 哇！

 而且在特殊的〈2 位數 × 2 位數〉
也有很多可以運用的超快速祕技！

 超快速祕技！我想知道～！

 好！那麼，
接下來就開始介紹這次的〈2 位數 × 2 位數〉的祕技囉！

2位數×2位數
成群結隊 篇

\只要有相同數字並列就能派上用場/

難易度★★★☆☆　天才度★★★☆☆　實用度★★★★☆

碰到類似以下的例題，如縱向成對（2個縱向數字相同）或橫向成對（2個橫向數字相同）時，就使用[縱]→[縱]→[斜×2]來計算。

例題

$$47 \times 47$$

$$44 \times 77$$

$$
\begin{array}{r}
47 \\
\times 47 \\
\hline
\end{array}
$$

縱 4×4 **1 6 4 9** 縱 7×7

斜×2 **5 6** 4×7×2

2 2 0 9

$$
\begin{array}{r}
44 \\
\times 77 \\
\hline
\end{array}
$$

縱 4×7 **2 8 2 8** 縱 4×7

斜×2 **5 6** 4×7×2

3 3 8 8

計算看看吧！

①
$$\begin{array}{r} 86 \\ \times\,86 \\ \hline \end{array}$$

②
$$\begin{array}{r} 33 \\ \times\,44 \\ \hline \end{array}$$

③
$$\begin{array}{r} 73 \\ \times\,73 \\ \hline \end{array}$$

④
$$\begin{array}{r} 88 \\ \times\,88 \\ \hline \end{array}$$

- ‧不假思索地
計算40秒
- ‧用電子計算機
計算30秒
- ‧使用祕技
計算25秒

解答

①
$$86 \times 86$$

縱 8×8 | **6 4** | **3 6** | 縱 6×6
| **9 6** | 斜×2 6×8×2

7 3 9 6

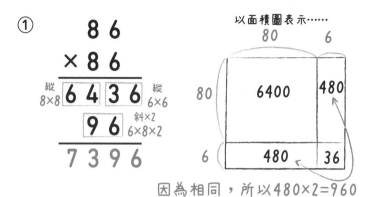

以面積圖表示……

	80	6
80	6400	480
6	480	36

因為相同，所以480×2=960

②
$$33 \times 44$$

縱 3×4 | **1 2** | **1 2** | 縱 3×4
| **2 4** | 斜×2 3×4×2

1 4 5 2

以面積圖表示……

	40	4
30	1200	120
3	120	12

因為相同，所以120×2=240

③
$$73 \times 73$$

縱 7×7 | **4 9** | **0 9** | 縱 3×3
| **4 2** | 斜×2 3×7×2

5 3 2 9

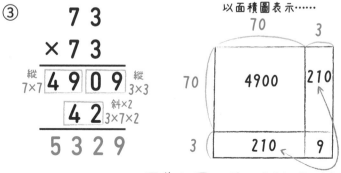

以面積圖表示……

	70	3
70	4900	210
3	210	9

因為相同，所以210×2=420

④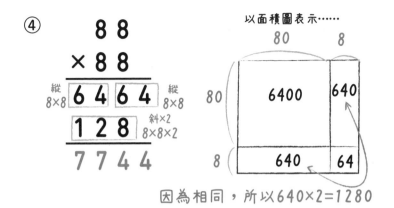

以面積圖表示……

因為相同，所以640×2=1280

小菜一碟！
心算25秒就解決了！
算術迷，火力全開！

超級優秀！
使用這招祕技，算術迷也會加入偶像明星行列。
仰慕你的粉絲將成群結隊而來喲！

斜斜（謝謝）！

2位數×2位數
十位數為1篇

\ 左邊是1並列就能派上用場 /

難易度★★★★☆　天才度★★★★☆　實用度★★★★☆

類似以下的例題，十位數是1時，使用 [左右＋右] → [右×右]
來計算。

 例題

$$\begin{array}{r} 18 \\ \times 19 \end{array}$$

〜〜〜〜〜〜〜〜〜〜〜〜〜〜〜〜〜〜〜〜〜〜〜〜〜〜〜

A [2位數＋1位數] → B [個位×個位]

$$\begin{array}{r} 18 \\ \times 19 \\ \hline \end{array}$$

左右+右
18+9 ── 2 7

7 2 ── 右×右
　　　 8×9

3 4 2

以面積圖表示……

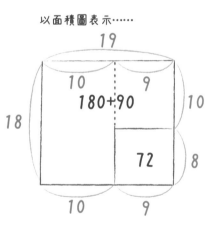

計算看看吧！

①
$$\begin{array}{r} 16 \\ \times 18 \\ \hline \end{array}$$

②
$$\begin{array}{r} 14 \\ \times 19 \\ \hline \end{array}$$

③
$$\begin{array}{r} 12 \\ \times 13 \\ \hline \end{array}$$

④
$$\begin{array}{r} 17 \\ \times 17 \\ \hline \end{array}$$

・不假思索地
計算30秒

・用電子計算機
計算20秒

・使用祕技
計算15秒

解答

① 16
×18

左右+右 **24**
16+8

48 右×右
6×8

288

以面積圖表示……

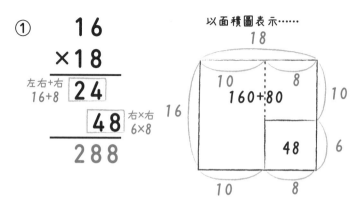

② 14
×19

左右+右 **23**
14+9

36 右×右
4×9

266

以面積圖表示……

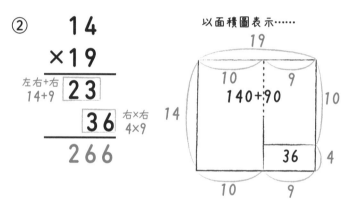

③ 12
×13

左右+右 **15**
12+3

06 右×右
2×3

156

以面積圖表示……

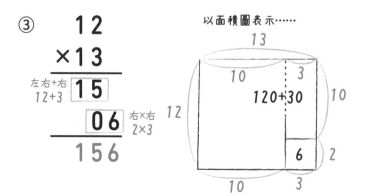

④

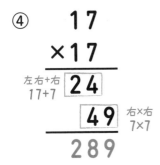

順便一提，使用秘技24的話……

2種方法都行！

小菜一碟！
心算15秒就解決了！
算術迷，快速成長！

超級優秀！
照這個樣子下去，不但能養成加（＋）倍的實力，
還能乘（×）勝追擊，變成計算名人！

2位數×2位數
成對和10篇

\和為10時別放過/

難易度★★★☆ 天才度★★★★★ 實用度★★★★☆

類似以下的例題，當出現

- 縱向成對（相同數字）＆縱向和為10
- 橫向成對（相同數字）＆橫向和為10

使用［縱＋成對］→［縱］來計算。

例題

$$\begin{array}{r} 68 \\ \times 62 \end{array}$$

$$\begin{array}{r} 86 \\ \times 26 \end{array}$$

$$\begin{array}{r} 66 \\ \times 82 \end{array}$$

$$\begin{array}{r} ⑥8 \\ \times ⑥2 \\ \hline \boxed{4\ 2}\ \boxed{1\ 6} \end{array}$$

縱＋成對　　　縱
6×6＋⑥　8×2

$$\begin{array}{r} 8⑥ \\ \times 2⑥ \\ \hline \boxed{2\ 2}\ \boxed{3\ 6} \end{array}$$

縱＋成對　　　縱
8×2＋⑥　6×6

$$\begin{array}{r} ⑥⑥ \\ \times 82 \\ \hline \boxed{5\ 4}\ \boxed{1\ 2} \end{array}$$

縱＋成對　　　縱
6×8＋⑥　6×2

計算看看吧！

①
$$\begin{array}{r} 7\,6 \\ \times\,7\,4 \\ \hline \end{array}$$

②
$$\begin{array}{r} 3\,4 \\ \times\,7\,4 \\ \hline \end{array}$$

③
$$\begin{array}{r} 8\,2 \\ \times\,3\,3 \\ \hline \end{array}$$

④
$$\begin{array}{r} 5\,5 \\ \times\,5\,5 \\ \hline \end{array}$$

・不假思索地
計算30秒

・用電子計算機
計算20秒

・使用祕技
計算10秒

解答

①

$$\begin{array}{r} 7\,6 \\ \times\,7\,4 \\ \hline 5\,6\,2\,4 \end{array}$$

縱 + 成對　　縱
7×7+⑦　　6×4

以面積圖表示……

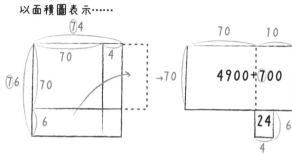

→70　4900+⑦00

②

$$\begin{array}{r} 3\,④ \\ \times\,7\,④ \\ \hline 2\,5\,1\,6 \end{array}$$

縱 + 成對　　縱
3×7+④　　4×4

以面積圖表示……

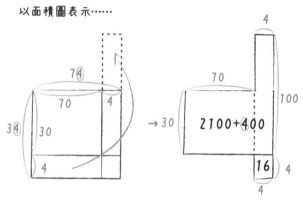

→30　2100+400

③
$$\begin{array}{r} 8\,2 \\ \times\,③\,3 \\ \hline 2\,7\,0\,6 \end{array}$$

縱 + 成對　　縱
8×3+③　　2×3

以面積圖表示……

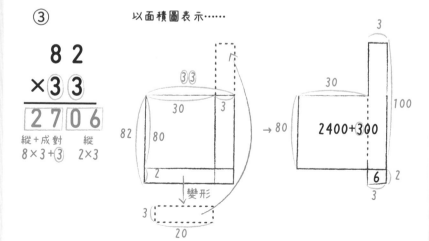

→80　2400+300

④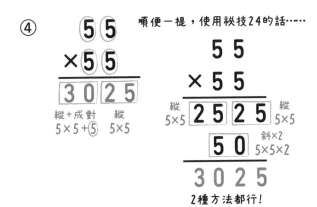

小菜一碟！
心算10秒就解決了！
這招祕技超快！

超級優秀！

我現在是吃了縱縱惡魔果實的能力者了！

連劍豪羅羅亞・索隆也甘拜下風了！

〈神速祕技〉

2位數×2位數的超快速祕技真的好厲害！
除了2位數×2位數之外，還有其他超快速祕技嗎？

嘿嘿嘿……其實還有很多喔！
而且是超超超快速的〈神速祕技〉喔！

〈神速祕技〉!?

是的！
只要用上我的〈神速祕技〉，筆算達人當然不用說，
就算是算盤名人或是電子計算機高手，
甚至是和那個跟電腦計算對決都能獲勝的
天才馮紐曼相比，
都能速度更快地解出正確答案。

如果是真的，那確實很厲害！
可是……有點難以置信……。

嘿嘿嘿……。
那麼，我問你，算術迷，你會怎麼計算103×97的答案？

嗯～如果是筆算的話……。

```
        103
    ×    97
        721
        927
       9991
```

好了！
用10秒就算出來了。

NO！NO！NO！
如果使用〈神速祕技〉，心算5秒就行了！

不可能吧～!?

那麼，57×57 － 43×43的計算你會怎麼做呢？

嗯～ 57×57和43×43
可以利用祕技24（第160頁），所以……

```
        57              43              3249
    ×   57          ×   43          － 1849
      2549            1609            1400
        70              24
      3249            1849
```

好了！1400。
15秒就能算出來！

NO！NO！NO！
如果使用〈神速祕技〉，心算4秒就行了！

你說什麼～!?

那麼，那麼我再問你，9996×9997的計算你會怎麼做？

4位數×4位數!?
這實在不想用筆算耶。
好～就用電子計算機……。

NO！NO！NO！
你不是想勝過電太君嗎？
只要使用〈神速祕技〉，心算3秒就夠了！

怎麼可能～～～!?

那麼，那麼，那麼我再問你，39÷1.625的計算你會怎麼做？

小數點的除法運算!?
該不會這也有〈神速祕技〉吧？

這也有〈神速祕技〉！

萬歲～！
〈神速祕技〉！
我要學！我要學！我要學！

好！
那麼，接下來就要介紹壓箱寶的
最終奧義〈神速祕技〉囉！

 哇～！
好開心～～！

 我先聲明，
我可不是隨便什麼人都教他們〈神速祕技〉的！
這是因為算術迷你之前認真地來上課，
拚命練習計算奧義，
因為你這麼認真，我才教你的唷！

 TAKATA 老師……。

 希望你能早日把〈神速祕技〉練到出「神」入化的境界！

 老師的冷笑話，Oh my God！

神速祕技
999△ ×999◇ 篇

\ 位數相同就可以派上用場 /

難易度★★★★☆　天才度★★★★★　實用度★★★★☆

[9△ ×9◇] [99△ ×99◇] [999△ ×999◇]，就使用 [減去乘數需要的數值＆被乘數與乘數需要的數值相乘] 來計算。

例題 9996×9997

注意0的個數！

以圖形來思考

$$9996 \times 9997$$
4必要　　3必要

$$= 9993\ 0012$$
9996−3　4×3

想一想要變10000
需要的數值

☆ 9△×9◇、999△×999◇
都可以用同樣方式計算出來！
注意位數必須相同！

寫成算式
9993×10000+4×3

9993×10000+4×3
99930000　4×3

練習問題

計算看看吧！

① 98 × 97

② 996 × 993

③ 9992 × 9995

④ 99999 × 99999

- 不假思索地
計算60秒
- 用電子計算機
計算30秒
- 使用祕技
計算20秒

解答

① **98 × 97**

2必要　3必要

想一想要變100
需要的數值

= 95:06

98−3　2×3

② **996 × 993**

4必要　7必要

想一想要變1000
需要的數值

= 989:028

996−7　4×7

③ **9992 × 9995**

8必要　　5必要

想一想要變10000
需要的數值

= 9987:0040

9992−5　8×5

④ **99999 × 99999**

1必要　　1必要

想一想要變100000
需要的數值

= 99998:00001

99999−1　1×1

小菜一碟！
心算20秒就解開了！
算術迷，做得太好了！

超級優秀！
這類型的問題因為是

2 位數	×	2 位數	=	4 位數
3 位數	×	3 位數	=	6 位數
4 位數	×	4 位數	=	8 位數
5 位數	×	5 位數	=	10 位數

所以如果寫成如下的算式

$$9\ 9\ 9\ 9\ 9 \times 9\ 9\ 9\ 9\ 9$$
$$\downarrow \downarrow \downarrow \downarrow \downarrow \vdots \downarrow \downarrow \downarrow \downarrow \downarrow$$
$$=\ 9\ 9\ 9\ 9\ 8\ \vdots\ 0\ 0\ 0\ 0\ 1$$

直接在問題下方寫出數字，
就可以避免寫錯0的位數，千萬要記得喔。
這個祕技只能用在位數相同的乘法運算，
位數不同就不能用這一招。
像999×9999這樣的算式，
不能用這招，小心不要「乘」上賊船喲。
999×9999的絕招，我將在祕技28介紹。
敬請期待！

神速祕技
左×9999 篇

\ 左－1大展神威 /

難易度★★★★☆　天才度★★★★★　實用度★★★★☆

［左×99］［左×999］［左×9999］，就使用［左－1＆減掉（那個）］來計算。

例題 999×9999

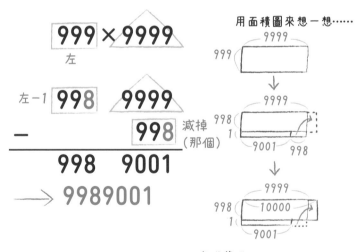

用面積圖來想一想……

寫成算式……
998×10000＋9999－998
＝9989999－998

計算看看吧！

① 37 × 999

② 642 × 9999

③ 4321 × 999

④ 99999 × 9999

・不假思索地
計算80秒

・用電子計算機
計算40秒

・使用祕技
計算30秒

解答

① 37×999
左

左-1　36　999
$-$　　　36　　減掉（那個）
　　　36　963　$\longrightarrow$　36963

② 642×9999
左

左-1　641　9999
$-$　　　　641　　減掉（那個）
　　　641　9358　$\longrightarrow$　6419358

③ 4321×999
左

左-1　4320　999
$-$　　　4　320　　減掉（那個）
　　　4316　679　$\longrightarrow$　4316679

182

④

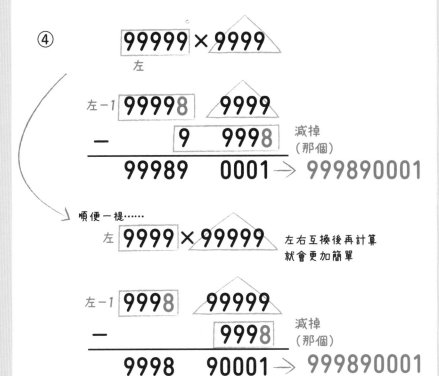

99999×9999

左

左−1 99998　9999

$-$　　　9　9998　　減掉（那個）

99989　　0001 → 999890001

順便一提……

左 9999×99999　左右互換後再計算就會更加簡單

左−1 9998　99999

$-$　　　　9998　　減掉（那個）

9998　　90001 → 999890001

小菜一碟！
心算30秒就解開了！
快到讓算術迷忍不住笑呵呵！

超級優秀！
能熟練這個祕技的話，
就會忍不住咯咯咯地笑出來呢！

神速祕技
（整數值＋○）×（整數值－○）篇

！變形為同積－同積！

難易度★★★☆☆　天才度★★★★★　實用度★★★★☆

使用整數值□，遇到能變形成（□＋○）×（□－○）時，使用
[□×□－○×○]來計算。

 例題　57×43

如果整數值為 50 的話……

$$57 \times 43$$

（50＋⑦）（50－⑦）

$$\downarrow \quad 2500 \quad \leftarrow \boxed{50} \times \boxed{50}$$

$$- \quad 49 \quad \leftarrow ⑦ \times ⑦$$

$$\overline{2451}$$

用面積圖來想一想……

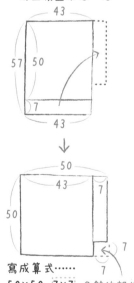

寫成算式……

50×50－7×7　多餘的部分

計算看看吧！

① 103×97

② 709×691

③ 893×907

④ 4995×5005

・不假思索地
計算100秒

・用電子計算機
計算30秒

・使用祕技
計算20秒

解答

① 如果整數值為 100 的話……

$$103 \times 97$$

100+③   100−③

$$10000 \leftarrow 100 \times 100$$
$$-\quad\quad 9 \leftarrow ③ \times ③$$
$$9991$$

祕技07
$$10000-9$$
$$\quad\; -1 \quad -1$$
$$=9999-8$$
$$=9991$$

② 如果整數值為 700 的話……

$$709 \times 691$$

700+⑨   700−⑨

$$490000 \leftarrow 700 \times 700$$
$$-\quad\quad 81 \leftarrow ⑨ \times ⑨$$
$$489919$$

祕技07
$$490000-81$$
$$\quad\;\; -1 \quad\;\; -1$$
$$=489999-80$$
$$=489919$$

③ 如果整數值為 900 的話……

$$893 \times 907$$

900−⑦   900+⑦

$$810000 \leftarrow 900 \times 900$$
$$-\quad\quad 49 \leftarrow ⑦ \times ⑦$$
$$809951$$

祕技07
$$810000-49$$
$$\quad\;\; -1 \quad\;\; -1$$
$$=809999-48$$
$$=809951$$

④ 如果整數值為 5000 的話……

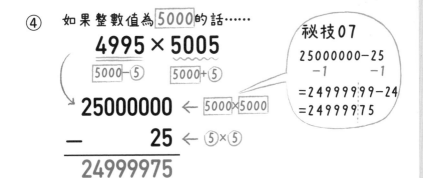

$$4995 \times 5005$$

5000−⑤　　　5000+⑤

25000000 ← 5000×5000

− 25 ← ⑤×⑤

24999975

祕技 07

25000000−25
　−1　　−1
=24999999−24
=24999975

小菜一碟！
心算20秒就解開了！
算術迷，火力全開！

超級優秀！
只要熟練這個祕技的話，
大腦就能更靈活喔！

祕技 30

神速祕技
（整數值＋○＋1）×（整數值－○）篇
\ 變形為同積－同積＋α /

難易度★★★★☆　　天才度★★★★★　　實用度★★★★☆

遇到類似以下的例題，就變形成祕技29能派上用場的算式吧！

例題 54×47

～～～～～～～～～～～～～～～～～～～～～～～～～～～～～～

就算直接變形成漂亮的整數50，但變成
（50＋4）（50－3）計算也不輕鬆……

數字相同才方便！

$$54 \times 47$$
$$\underset{53+1}{}$$

$$= (53 + 1) \times 47$$

$$= \boxed{53 \times 47} + 1 \times 47$$

祕技29派上用場！

整數值50的話，
$$\underset{50+3 \quad 50-3}{53 \times 47}$$

祕技 29

$$= \boxed{2500 - 9} + 47$$

↳ 2500　　　50×50
  $\underline{\quad - \quad 9}$　　3×3

$$= 2500 + 38$$

$$= 2538$$

⚠ 先計算！
（2500先擱置更方便計算）

計算看看吧！

① 103×98

② 709×692

③ 895×906

・不假思索地
計算100秒

・用電子計算機
計算30秒

・使用祕技
計算20秒

① 103×98

$102+1$

$= (102 + 1) \times 98$

$= \boxed{102 \times 98} + 1 \times 98$

↓秘技29

$= \boxed{10000 - 4} + 98$

$= 100\!:\!00 + 94$ 先計算!

$= 10094$

整數值100的話，

102×98

$100+2$ $100-2$ 秘技29

$\longrightarrow 10000$ 100×100

$\underline{\quad - \quad 4}$ 2×2

② 709×692

$708+1$

$= (708 + 1) \times 692$

$= \boxed{708 \times 692} + 1 \times 692$

↓秘技29

$= \boxed{490000 - 64} + 692$

$= 490\!:\!000 + 628$ 先計算!

$= 490628$

整數值

700的話，

708×692 秘技29

$700+8$ $700-8$

$\longrightarrow 490000$ 700×700

$\underline{\quad - \ 64}$ 8×8

③　　　895×906

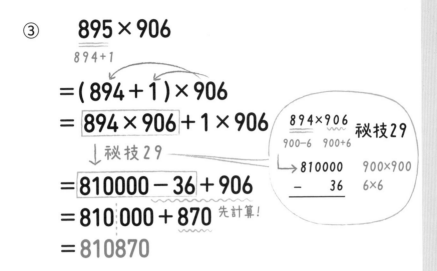

$894+1$

$= (894 + 1) \times 906$

$= \boxed{894 \times 906} + 1 \times 906$

↓祕技29

$= \boxed{810000 - 36} + 906$

$= 810\,000 + 870$ 先計算!

$= 810870$

$\begin{aligned} &894 \times 906 \quad\text{祕技}29\\ &\overset{\underbrace{\hphantom{894}}}{900-6}\ \overset{\underbrace{\hphantom{906}}}{900+6}\\ &\rightarrow 810000 \quad 900 \times 900\\ &\quad -\quad 36 \qquad 6 \times 6 \end{aligned}$

小菜一碟！
心算20秒就解開了！
算術迷，飄飄然！

超級優秀！
只要熟練這個祕技，競爭對手一定被你打得落花流水！

神速祕技
△×△－◇×◇篇
！變形為和×差！

難易度★★★☆☆　天才度★★★★★　實用度★★★★☆

在△×△－◇×◇的問題中，若△＋◇或△－◇是整數值時，就用［（△＋◇）×（△－◇）］求解答！
口訣是［和×差］。

 例題 $57 \times 57 - 43 \times 43$

$$57 \times 57 - 43 \times 43$$

57+43=100

$$= 100 \times 14 = 1400$$

57+43 和　57-43 差

和 加法運算的答案
差 減法運算的答案

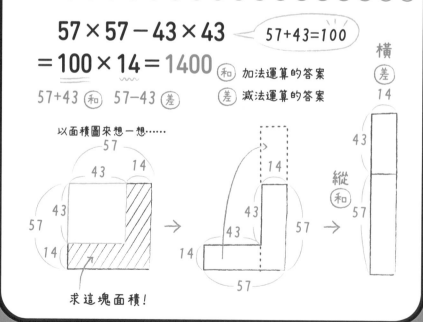

以面積圖來想一想……

求這塊面積！

橫 差 14

縱 和

練 習 問 題

計算看看吧！

① $87 \times 87 - 13 \times 13$

② $455 \times 455 - 345 \times 345$

③ $421 \times 421 - 321 \times 321$

④ $789 \times 789 - 211 \times 211$

・不假思索地
計算120秒
・用電子計算機
計算60秒
・使用祕技
計算40秒

解答

① $87 \times 87 - 13 \times 13$ ⤎ $87+13=100$
$= 100 \times 74 = 7400$

   $87+13$ $87-13$
    和   差

② $455 \times 455 - 345 \times 345$ ⤎ $455+345=800$
$= 800 \times 110 = 88000$

$455+345$ $455-345$
  和   差

③ $421 \times 421 - 321 \times 321$ ⤎ $421-321=100$
$= 742 \times 100 = 74200$

$421+321$ $421-321$
  和   差

☆ 不論「和」或「差」,
   只要有一邊是整數值就OK!

④

$$789 + 211 = 1000$$

$$789 \times 789 - 211 \times 211$$
$$= \underline{1000} \times \underset{\underset{\underset{\textcircled{差}}{789-211}}{}}{578} = 578000$$

小菜一碟！
心算40秒就解開了！
算術迷，根本數位級快速！

超級優秀！
只要熟練這個祕技，
連數位天才唐鳳都會稱讚你一聲：「哇！酷斃了！」

神速祕技
△×（△＋1）－◇×◇ 篇

\ 變形為和×差＋α /

難易度★★★★★　天才度★★★★★　實用度★★★☆☆

遇到類似以下的例題，就變形成祕技31能派上用場的算式吧！

例題 $57 \times 58 - 43 \times 43$

~~~~~~~~~~~~~~~~~~~~~~~~~~~~~~~~

$57 \times 58 - 43 \times 43$ ← $57+43=100!$

57的話，可以使用祕技31……
→ $58=57+1$

$= 57 \times (57+1) - 43 \times 43$

$= 57 \times 57 + 57 \times 1 - 43 \times 43$

$= \boxed{57 \times 57 - 43 \times 43} + 57$　把算式寫得
更一目瞭然

↓祕技31

$= \boxed{100 \times 14} + 57 = 1400 + 57 = 1457$

57+43　57－43
（和）　（差）

計算看看吧！

① $87 \times 88 - 13 \times 13$

② $456 \times 455 - 345 \times 345$

③ $421 \times 422 - 321 \times 321$

・不假思索地
計算100秒

・用電子計算機
計算50秒

・使用祕技
計算30秒

解答

① $87 \times 88 - 13 \times 13$ — 〔87+13=100!〕

$\rightarrow 88 = 87 + 1$

$= 87 \times (87 + 1) - 13 \times 13$

$= 87 \times 87 + 87 \times 1 - 13 \times 13$

$= \boxed{87 \times 87 - 13 \times 13} + 87$

↓秘技31

$= \boxed{100 \times 74} + 87 = 7400 + 87 = 7487$

87+13 ㊌ 87-13 ㊟

② $456 \times 455 - 345 \times 345$ — 〔455+345=800〕

$\rightarrow 456 = 455 + 1$

$= (455 + 1) \times 455 - 345 \times 345$

$= 455 \times 455 + 1 \times 455 - 345 \times 345$

$= \boxed{455 \times 455 - 345 \times 345} + 455$

↓秘技31

$= \boxed{800 \times 110} + 455 = 88000 + 455$

455+345 ㊌ 455-345 ㊟

$= 88455$

③　$421 \times 422 - 321 \times 321$

$\longrightarrow 422 = 421 + 1$　　　$421 - 321 = 100$

$= 421 \times (421 + 1) - 321 \times 321$

$= 421 \times 421 + 421 \times 1 - 321 \times 321$

$= \boxed{421 \times 421 - 321 \times 321} + 421$

$\downarrow$ 祕技 31

$= \boxed{742 \times 100} + 421$

421+321　　421−321

和　　　　差

$= 74\,200 + 421$

$= 74621$

小菜一碟！
心算 30 秒就解決了！
雖然算式長了一點，船到橋頭自然直啦！

超級優秀！
只要熟練這個算式，
連牛頓都會驚訝地說：「誰能比你強！」

神速祕技
分數變變變 篇

\ 小數bye bye的乘法運算 /

難易度★★☆☆☆　天才度★★☆☆☆　實用度★★★★★

遇到小數的乘、除運算時，就使用「小數→分數」的變形。尤其是右邊這些變形先牢牢記住。

另外，1以上的小數，

$0.25 \to \frac{1}{4}$	$0.75 \to \frac{3}{4}$	$0.125 \to \frac{1}{8}$
$0.625 \to \frac{5}{8}$	$0.875 \to \frac{7}{8}$	$0.375 \to \frac{3}{8}$

就照 [1以上的小數] → [帶分數] → [假分數] 的順序變形吧。

例題　36×0.75　　$39 \div 1.625$

$$36 \times \boxed{0.75} \qquad \boxed{\begin{array}{c} 0.75 \\ \downarrow \\ \frac{3}{4} \end{array}}$$

$$= \overset{9}{36} \times \boxed{\frac{3}{4}_1}$$

$$= 27$$

$$39 \div \boxed{1.625} \qquad \boxed{\begin{array}{c} 1.625 \\ \downarrow \\ 1\frac{5}{8} \\ \downarrow \\ \frac{13}{8} \end{array}}$$

$$= 39 \div \boxed{\frac{13}{8}}$$

$$= \overset{3}{39} \times \frac{8}{13}_1$$

$$= 24$$

練習問題

計算看看吧！

① 28 × 0.25

② 27 ÷ 0.375

③ 48 × 1.125

④ 33 ÷ 2.75

・不假思索地
計算80秒

・用電子計算機
計算40秒

・使用祕技
計算30秒

① $28 \times \boxed{0.25}$

$$0.25 \\ \downarrow \\ \frac{1}{4}$$

$= 28 \times \boxed{\dfrac{1}{4}}$

$= 7$

② $27 \div \boxed{0.375}$

$$0.375 \\ \downarrow \\ \frac{3}{8}$$

$= 27 \div \boxed{\dfrac{3}{8}}$

$= \overset{9}{27} \times \dfrac{8}{\underset{1}{3}}$

$= 72$

③ $48 \times \boxed{1.125}$

$$1.125 \\ \downarrow \\ 1\frac{1}{8} \\ \downarrow \\ \frac{9}{8}$$

$= \overset{6}{48} \times \dfrac{9}{\underset{1}{8}}$

$= 54$

④

$$33 \div \boxed{2.75}$$

$$= 33 \div \frac{11}{4}$$

$$= 33 \times \frac{4}{11}$$

$$= 12$$

$$2.75$$
$$\downarrow$$
$$2\frac{3}{4}$$
$$\downarrow$$
$$\frac{11}{4}$$

小菜一碟！
心算30秒就解決了！
算術迷！脫胎換骨！

超級優秀！
你也利用〈分數變變變〉
變身為「變變變算術名人」吧！

結　語

算術迷之後
就輪到你上場囉！

自從開始到「爆炸快！算術教室」上課以後，
大大改變了我的人生。
TAKATA老師教了我很多祕技以後⋯⋯。

這些方法真是太棒了！
只要一想到計算和圖形的關係，
就覺得這些方法真是太高明了！
和算術迷討論有關算術的話題，
實在很開心！

我又能重新和紀三同學開開心心地談天說地了。
而且，我還使用向TAKATA老師學來的祕技，
向電太君挑戰！

簡直難以置信！我竟然輸得一蹋糊塗！
算術迷的計算方法真是太好玩了。
請你一定要教教我！
我也會告訴你有關電子計算機的事情的。

我和電太同學也因為開心地討論算術話題而變成好朋友。
因為紀三同學的影響，對圖形產生興趣，
又因為電太君的影響，

連計算機和電腦的世界也覺得有趣。

知道愈多，愈感覺到算術的深奧。

我原本就喜歡算術，現在更加喜歡了。

對於覺得有疑問或有興趣的部分，

也會自行查詢，歸納後發表出來。

不知不覺中，不僅算術，其他學科的成績也進步了許多。

課業、戀愛和友情都狀態絕佳！

我想起TAKATA老師一開始對我說的話。

透過TAKATA老師的指導，

為你的算術能力加（＋）分，

減（－）少多餘的思考，

乘（×）風破浪，翻轉人生。

排除（÷）你在數學上的煩惱！

完全被老師說中了！

接著就輪到你了！

我也期待正在

閱讀本書的你，

能夠有所成長！

希望算術迷的成長故事，

能成為你愛上數學的

出（÷）發點喔！

TAKATA老師

數學教師諧星。以身兼諧星及數學老師二刀流大放異彩。日本搞笑數學協會會長。1982年出生於廣島縣。畢業於東京學藝大學教育學院數學系。

透過電視、YouTube、實體及線上課程、書籍等，教授男女老幼「數學及算術的樂趣」。全心全力為撲滅「討厭數學、算術」而燃燒數學魂。扮演獨一無二結合算術（數學）與搞笑的諧星，提供驚奇與歡笑。2016年成立「日本搞笑數學協會（JOMA）」，擔任會長。2020年設立全球第一歡樂線上教學頻道「STUDY FREAK」（YouTube），一年半訂閱人數超過十萬人。以日本搞笑數學協會名義出版《笑う数学》、《笑う数学ルート 4》（皆為KADOKAWA）。

YouTube 頻道
中學生的學習啦啦隊「STUDY FREAK」

【協助本書製作的人士（省略敬稱）】

ゆっちゃん	永野敦子
あやちゃん	松中宏樹
はるひとくん	須藤七海
コロちゃんぬ	林聡一朗
しもちゃん	有馬悠太
たけちゃん老師	坂本江未
とよたく老師	數樂傳道師　岸claudio順一
梶本裕介	探究学舎
中島拓哉	math channel
三浦新太郎	日本搞笑數學協會

國家圖書館出版品預行編目（CIP）資料

小學專用！資優數學王速算教室：數學奧林匹克選手
解題密技大公開 / TAKATA 老師著；卓惠娟
譯 . -- 初版 . -- 臺北市：臺灣東販股份有限公司，
2023.08
208 面；14.8×21 公分
ISBN 978-626-329-939-9（平裝）

1.CST: 數學教育 2.CST: 速算 3.CST: 初等教育

523.32   112010313

SHOGAKUSEI NO TAMENO BAKUSOKU ! KEISAN KYOSHITSU
by Takata Sensei
Copyright © Takata Sensei, 2022
All rights reserved.
Original Japanese edition published by FOREST Publishing Co., Ltd., Tokyo.

This Complex Chinese edition is published by arrangement with FOREST Publishing Co., Ltd., Tokyo
in care of Tuttle-Mori Agency, Inc., Tokyo.

小學專用！資優數學王速算教室
數學奧林匹克選手解題密技大公開

2023 年 8 月 1 日初版第一刷發行

著　　　者　　TAKATA 老師
譯　　　者　　卓惠娟
特 約 編 輯　　陳祐嘉
副 主 編　　劉皓如
美 術 編 輯　　林佳玉
發 行 人　　若森稔雄
發 行 所　　台灣東販股份有限公司
　　　　　　　＜地址＞台北市南京東路 4 段 130 號 2F-1
　　　　　　　＜電話＞(02)2577-8878
　　　　　　　＜傳真＞(02)2577-8896
　　　　　　　＜網址＞http://www.tohan.com.tw
郵 撥 帳 號　　1405049-4
法 律 顧 問　　蕭雄淋律師
總 經 銷　　聯合發行股份有限公司
　　　　　　　＜電話＞(02)2917-8022